AF451746

# LA SCIENCE

## *DE*

# LA LÉGISLATION,

Par M. le Chevalier GAETANO FILANGIERI, Conseiller d'Etat au département des Finances de Naples.

*Ouvrage traduit de l'Italien, d'après l'édition de Naples, de 1784.*

## TOME QUATRIEME.

## *A PARIS,*

CHEZ CUCHET, rue & Hôtel Serpente.

***

## M. DCC. LXXXVIII.

*Avec Approbation & Privilége du Roi.*

Οὐκ ἔστιν ὐδὲν κρεῖττον ἢ νόμοι πόλει καλῶς τιθέντες.

*Nihil est civitati præstantius, quam leges rectè positæ.* Eur p. in Supplicib.

# TABLE

## *DES CHAPITRES*

Contenus dans ce volume.

## LIVRE QUATRIEME.

*Des Lois criminelles.*

# TABLE.



Fin de la Table.

LA

# LA SCIENCE

## DE LA
## LÉGISLATION,

### LIVRE TROISIEME.

*Des Lois Criminelles.*

## SECONDE PARTIE.

*Des délits & des peines.*

## CHAPITRE PREMIER.

*Principes généraux de cette partie de la Législation criminelle.*

JE renferme en un petit nombre de principes tout le systême de cette partie

Tome IV.                     A

de la Législation criminelle : je développerai, dans cette théorie des délits & des peines, les idées qui naissent de ces principes.

1°. Si les lois expriment les conventions sociales, toute transgression de la loi est la violation d'une convention sociale.

2°. Si ces conventions ne sont autre chose que les devoirs contractés par chaque citoyen envers la société, pour prix des droits qu'il acquiert, la violation d'une convention doit être suivie de la perte d'un droit.

3°. Si les droits qu'acquiert le citoyen sur la société se réduisent tous à la *conservation* & à la *tranquillité*, dans la jouissance de son honneur, de sa propriété réelle & personnelle, & de toutes les autres prérogatives de sa condition politique (1), chaque délit doit donc produire ou la perte ou l'interruption d'un de ces avantages.

4°. Si un citoyen peut, par un seul

_______________

(1) Voyez le chapitre 1 du premier livre.

délit, violer toutes les conventions fo-
ciales, il doit donc, pour un feul délit,
être privé de tous les droits fociaux.

5°. Si tous ces droits ne font pas également précieux, & fi tous les délits ne
font pas également funeftes à la fociété,
il eft jufte que celui qui s'abftient du délit
le plus grave & commet le plus léger,
conferve le droit le plus précieux, & perde
le moins important.

6°. Si la valeur relative des droits
fociaux peut varier avec les rapports
politiques des peuples, le Légiflateur doit
réfléchir fur ces variations, pour déterminer les peines. L'exil de la patrie, par
exemple, peut être une peine capitale
dans un Gouvernement (1), & la moindre des peines dans un autre (2). Dans
le même Gouvernement, cet exil peut
être une grande peine pour une claffe de
citoyens (3), & une peine très-légère pour
une autre claffe (4).

---

(1) Dans la Démocratie.
(2) Dans la Monarchie.
(3) Pour les Grands, dans l'Ariftocratie.
(4) Pour le peuple.

7°. Si les idées morales d'un peuple peuvent encore altérer la valeur relative des droits fociaux, le Légiflateur doit calculer cette réaction dans fon code pénal. Chez un peuple, par exemple, où la doctrine de la tranfmigration des ames eft univerfellement reçue, la peine de mort fera une impreffion plus légère, que chez le peuple où cette opinion abfurde n'exifte pas.

8°. Si le génie & le caractère particulier d'un peuple; fi le climat & d'autres circonftances phyfiques peuvent influer fur cette valeur relative des droits fociaux, le Légiflateur ne doit négliger aucun de ces objets. Dans une Nation guerrière & féroce, où les hommes font accoutumés à méprifer la vie, la peine de mort ne fera pas une grande impreffion. Chez un peuple avide, les peines pécuniaires pourront être très-utiles. Dans un climat, ou extrêmement chaud, ou extrêmement froid, l'exil de la patrie fera une peine très-légère (1).

_______________

(1) Je ne rapporte ici tous ces exemples que pour

9°. Si la valeur *abſolue* de tous les droits ſociaux s'accroît avec la proſpérité publique ; ſi, à meſure que celle-ci fait des progrès, l'intérêt de commettre le crime diminue, parce que ce crime entraîne la perte des avantages ſociaux, il eſt évident que l'on peut, ſans danger, adoucir les peines, lorſque la ſociété ſe perfectionne.

10°. Si tous les rapports politiques, phyſiques & moraux des peuples peuvent influer, non ſeulement ſur la valeur des droits ſociaux, mais ſur l'utilité de quelques peines, & ſur l'inutilité des autres, il eſt néceſſaire que le Légiſlateur examine profondément ce qu'on appelle l'état d'une Nation, avant d'en former le code pénal (1).

11°. Si une action n'eſt *imputable* que lorſqu'elle eſt *volontaire*, il s'enſuit qu'il

____

faciliter l'intelligence des principes. Lorſqu'il s'agira de les appliquer, on verra combien ils ſont féconds en réſultats.

(1) **Cette** idée ſera développée dans le cours de ce **Livre.**

A 3

n'y a point de crime où il n'y a point de volonté.

12°. Si la société doit punir les actions & non les pensées, personne ne sera puni pour une volonté secrète ; & pour qu'elle ne le soit pas, il faudra que le coupable l'ait manifestée par une action que la loi a défendue.

13°. Si la loi ne doit pas punir *l'acte* sans la *volonté*, ni la *volonté* sans *l'acte*, il faudra, pour être puni, le concours de la violation d'une convention sociale, & de la volonté de la violer.

14°. Si dans le nombre des conventions il en est qui tendent plus directement que d'autres au maintien de l'ordre social, & si le maintien de cet ordre est le but de tous les rapports sociaux, il est clair que la *gravité* du délit doit surtout être déterminée par l'influence qu'a sur la conservation de l'ordre social le pacte que l'on viole.

15°. Si la violation d'une convention peut être accompagnée de quelques circonstances qui montrent la disposition plus ou moins grande du coupable à

violer toute autre convention, ou à re-
tomber dans le même délit, les circonftances qui accompagnent le délit peuvent donc le rendre plus ou moins *grave*,
plus ou moins puniffable.

16°. Si le même délit peut être puni
de plufieurs manières, fuivant la diverfité des circonftances, il eft certain que
les lois doivent, dans chaque délit, 
déterminer la *qualité* & la *gravité*. La
*qualité* dépend de la convention que l'on
viole; la *gravité*, de la perverfité plus ou
moins grande avec laquelle on la viole.

17°. Si un délit confidérable doit être
plus févèrement puni qu'un délit léger,
& fi la valeur du délit dépend de la *qualité* & de la *gravité*, la mefure de la
peine fera donc la *qualité* combinée avec
la *gravité*.

18°. Si l'objet de la peine eft d'éloigner les hommes du crime, par le fpectacle des maux auxquels ils s'expoferoient
en le commettant, l'efpoir de l'impunité,
qui naît de la nature même de quelques
délits plus fecrets, mérite de fixer les
regards du Légiflateur dans la détermina-

tion des peines. La loi doit compenser dans ces délits, avec l'accroissement de la peine, cette diminution de crainte qui résulte de la facilité de les cacher.

19°. Si la peine de chaque délit doit être proportionnée à l'influence qu'a sur l'ordre social la convention que l'on viole, & au degré de méchanceté que l'on montre en la violant, les lois doivent donc bien distinguer les crimes, afin de bien distinguer les peines.

20°. Si les actions sont plus difficiles à déterminer que les droits; s'il est essentiel de décrire les unes, tandis qu'il suffit de définir les autres, les lois criminelles doivent donc entrer dans des détails que les lois civiles doivent s'interdire ; lorsqu'elles gardent le silence, les Juges s'arment du glaive effrayant de l'arbitraire.

Tels sont les principes généraux d'où naît la grande théorie des délits & des peines. Le lecteur sentira, en avançant, que toute cette partie de la Science de la Législation est renfermée dans ce petit nombre de règles.

# CHAPITRE II.

*De la nécessité des peines, & du droit de punir.*

La société, en privant l'homme d'une partie de sa liberté naturelle, ne peut détruire dans son ame le principe de ce sentiment. Le cœur de l'homme cherche l'indépendance, quoique sa raison lui en montre les inconvéniens ; il voit dans les bonnes lois l'appui de sa sûreté, mais il y voit en même temps un frein contre ses passions ; il sent bien que ce sont ces lois qui lui procurent le bonheur dans l'état social, mais il sent aussi qu'elles lui dérobent les jouissances de l'état de nature ; il sait qu'elles ne lui ordonnent que ce qui est nécessaire au maintien de l'ordre général, mais il sait aussi qu'elles lui défendent souvent tout ce qui flatte les affections de son ame.

Ces affections, qui n'éloignent pas l'homme de l'observation de la juſtice, font concevoir au méchant le deſſein ſecret de laiſſer les lois aux autres pour ſa ſûreté, & de ſe délivrer, pour ſon intérêt perſonnel, de ce frein incommode : il voudroit que les liens ſociaux ſe reſſerraſſent toujours pour les autres, & puſſent ſe relâcher pour lui ſeul ; il voudroit être tout à la fois, & dans l'indépendance & dans la ſûreté ; il voudroit jouir de toute la liberté de l'état de nature, & de toute la protection ſociale.

Tels ſont les déſirs du méchant ; & c'eſt de là que naît la néceſſité de la peine. La ſanction pénale eſt cette partie de la loi par laquelle on offre au citoyen, ou l'obſervation d'un devoir ſocial, ou la perte d'un droit.

Si tu veux jouir de la ſûreté, diſent les lois lorſqu'elles établiſſent les peines, il faut que tu obéiſſes à nos ordres ; ſi tu veux être indépendant, il n'eſt plus de ſûreté pour toi. Cette ſociété même qui défendoit ta tranquillité, s'armera contre toi, & elle ne ceſſera de te pourſuivre, afin de te faire ſubir la peine deſtinée à ton crime. Le droit que tu avois acquis par la convention fociale, fera anéanti pour toi dès l'inftant que tu auras violé cette convention. Si elle étoit très-précieufe pour la fociété, tu perdras un de tes droits les plus précieux. Si par un feul délit tu violes plufieurs conventions, par un feul délit tu feras privé de plufieurs droits. Si, par exemple, ta main s'arme contre le Chef, contre le pere de la patrie ; fi tu enfanglantes le trône, d'où émane la sûreté commune, tu feras puni tout à la fois comme parricide, comme rebelle, comme facrilège, comme perturbateur du repos public. Par un feul forfait, violant toutes les conventions qui t'obligeoient à ne pas attenter à la vie de tes femblables, à défendre celle de ton Roi, à protéger la conftitution de l'Etat, à refpecter la fainteté des fermens, à maintenir la sûreté publique, tu perdras tous les droits que tu avois acquis par ces obligations ; tu perdras ta vie, ton honneur, tes biens, tous les droits de la fociété. De citoyen que tu étois, tu deviendras l'ennemi de la patrie ; & nous, qui exprimons la volonté générale, nous

ordonnerons au corps chargé de la puiſſance exécutive , de la délivrer de cet
ennemi , & de faire tomber ſur ta tête
les peines que nous avons prononcées ,
ſoit pour te mettre dans l'impuiſſance de
commettre le même crime , ſoit pour
empêcher les autres hommes de ſuivre
ton exemple (1).

Voilà le langage des lois exprimé par
leur ſanction : on ne peut nier que ce
langage ne ſoit juſte & raiſonnable. En
effet , ſi la ſociété a le droit de ſe conſerver , elle a le droit d'en chercher les
moyens ; ces moyens ſont les lois qui
préſentent à la volonté des hommes les
motifs les plus propres à les éloigner des
actions nuiſibles à l'intérêt commun ; ces
motifs ſont les avantages que les lois
offrent à ceux qui obſervent les obligations ſociales , & les peines qu'elles pro-
noncent contre ceux qui les violent. La
ſociété , repréſentant les droits qu'avoit
chaque individu dans l'état d'indépen-

_______________

(1) Voyez ce que dit Platon ſur ce ſujet au commencement du neuvième dialogue de ſon traité des lois.

dance naturelle, a reçu, par le contrat social, le droit que chaque homme avoit sur son semblable, lorsqu'il violoit les lois naturelles. Or ce droit étoit celui de le punir, parce que sans ce droit, comme je le prouverai bientôt, tous les autres eussent été inutiles. De là naît le droit de punir, qui appartient à la société ou au Prince qui la représente ; il suppose, non la cession du droit que chacun avoit sur soi-même, comme l'ont cru plusieurs Ecrivains politiques, mais la cession du droit que chacun avoit sur les autres (1). De la nécessité & du droit de punir, passons à l'objet des peines.

_______________

(1) Je ne fais ici qu'indiquer mes idées ; on en trouvera le développement dans le chapitre où, parlant de la peine de mort, je démontre le droit qu'a le Souverain de l'infliger.

# CHAPITRE III.

## De l'objet des peines.

Ni la vengeance, ni l'expiation du crime ne font les objets des peines. La vengeance eft une paffion, & les lois en font exemptes (1). La juftice ne reffemble pas à ces divinités auxquelles des hommes cruels immolent des victimes humaines pour appaifer leur fureur. Les lois, lorfqu'elles puniffent, ont devant les yeux, non le coupable, mais la fociété; elles font excitées par l'intérêt public, & non par une haîne perfonnelle; elles cherchent un exemple pour l'avenir, & non une vengeance pour le paffé (2).

_______________

(1) On verra dans le coûrs de ce Livre ( chap. 12.) que la fociété eft dans l'état de barbarie, tant que la vengeance eft l'objet de la punition.

(2) *Nemo prudens punit, quia peccatum eft, fed*

Toute vengeance feroit abfurde &
inutile. Abfurde, parce que les loîs qui
doivent modérer les paffions des hommes,
juftifieroient alors, par leur exemple, ce
qu'elles condamnent par leurs préceptes;
inutile, parce qu'elles ne pourroient empêcher que le mal caufé à la fociété par
le délit du coupable, n'exiftât réellement.
Les cris d'un malheureux arracheront-ils
au temps qui s'enfuit, le crime qu'il vient
de commettre?

Les lois ne peuvent donc avoir d'autre
objet dans la punition des crimes, que
d'empêcher le coupable de commettre
de nouveaux attentats contre la fociété,
& d'éloigner les autres hommes de fon
exemple, par le fpectacle de fon châtiment (1). Si, par des peines légères,

_______________

*ne peccetur.* ( *Plato. in Protagorâ.*) Voyez auffi *Arif-*
*tot. Politic. lib.* 7 , *cap.* 13 ; & *Hobbes de cive, cap.*
3 , §. 11.

(1) *In vindicandis injuriis, hæc tria lex fecuta*
*eft, quæ Princeps quoque fequi debet, ut eum quem*
*punit, emendet, aut ut pœna ejus cœteros meliores*
*reddat, aut ut fublatis malis fecuriores cœteri vivant.*
( Seneca. )

les lois peuvent parvenir à ce but, elles ne doivent point employer les peines les plus fortes. Il faut donc préférer celles qui tourmentent le moins le coupable, qui font naître le plus d'horreur pour le crime, & le plus d'effroi dans l'ame de ceux qui feroient difposés à le commettre. En un mot, le Légiflateur ne doit fe permettre que le degré de févérité néceffaire pour réprimer l'affection vicieufe qui produit les crimes. Toutes les fois qu'il paffe ce terme, il exerce un acte de tyrannie. En effet, fi la fociété doit être protégée, les droits des hommes doivent être refpectés ; & on ne peut exiger d'eux que le facrifice de cette portion de liberté néceffaire pour conferver & défendre la sûreté publique. « Les principes qui doivent diriger le Légiflateur, dit Platon, font ceux d'un père & d'une mère, & non ceux d'un maître & d'un tyran (1) ».

---

(1) *Sic igitur leges civitatibus confcribantur, ut patris matrifque perfonam lator legum penitus gerat; fcriptaque caritatis prudentiæque virtutem*

Il est vrai que la même peine qui suffira pour éloigner d'un crime la plupart des membres de la société, ne suffira pas pour en éloigner un petit nombre. Mais cela n'autorise pas le Légiflateur à devenir un tyran ; il ne doit considérer que le plus grand nombre ; & il doit sur-tout être persuadé que les peines ne pourront jamais bannir entièrement les crimes de la société ; mais que le plus heureux résultat qu'on puisse esperer, est d'en voir diminuer la quantité le plus qu'il est possible.

# CHAPITRE IV.

### Des différentes espèces de peines.

Le crime, comme j'ai dit, est la violation d'un pacte, & la peine est la perte d'un droit. Les différentes espèces de

---

*habeant potiùs, quam domini tyrannique imperium minitantis tantum & describentis, rationem verò nullam penitùs assignantis. ( Plat. de legibus, dialog. 9. )*

Tome IV.                    B

droits nous indiqueront donc les différentes efpèces de peines.

J'ai des droits comme homme ; j'en ai
comme citoyen. La fociété m'affure la
jouiffance des uns , & m'accorde les
autres : ils deviennent tous des droits
fociaux , du moment que la fociété me
les donne ou les protège. Nous pouvons
donc former les diverfes claffes de ces
droits, des différens objets auxquels ils
fe rapportent, & en déduire les différentes efpèces de peines. La vie, l'honneur, la propriété réelle, la propriété
perfonnelle , & les prérogatives de la
cité font les premiers objets de tous
les droits fociaux. Nous aurons cinq
claffes de droits, & par conféquent cinq
claffes de peines.

Nous aurons donc des *peines capitales*,
des *peines infamantes*, des *peines pécuniaires*, des *peines qui privent, ou pour toujours,
ou pour un temps, de la liberté perfonnelle*;
des *peines qui privent, ou pour toujours, ou
pour un temps, des prérogatives de la cité.*

Examinant d'abord chacune de ces
différentes efpeces de peines, nous ex-

poferons les principes généraux qui doivent en diriger l'ufage. Obfervant enfuite ces peines dans leurs rapports, avec les divers objets qui compofent l'état d'une Nation, nous montrerons l'influence que chacun de ces objets peut avoir fur leur valeur relative. Par ce moyen, nos principes deviendront applicables aux différentes circonftances politiques, phyfiques & morales des peuples; & nous pourrons développer, avec plus de facilité, la grande théorie de la proportion des peines avec les délits.

# CHAPITRE V.

## *De la peine de mort.*

DES principes dont nous avons déduit le droit de punir, dérive le droit de prononcer la peine de mort; & il fuffit de combiner ces principes avec ceux qui déterminent l'objet général des peines, pour diftinguer fur cette matière l'ufage, de l'abus. Si quelques Ecrivains modernes, en rappelant à la mémoire des hommes un sophisme très-ancien, n'avoient persuadé à la plus grande partie de leurs lecteurs, que la peine de mort, dont toutes les Nations ont fait usage, ne peut naître d'aucun droit véritable, & qu'elle n'est autre chose qu'un acte de violence, justifié souvent par la dure loi de la nécessité ; s'ils n'avoient accrédité un paralogisme qui doit , en dernière analyse, nous inspirer des doutes sur la justice de toute autre espèce de peine , je garderois le silence sur cet objet, & j'épargnerois à mes lecteurs l'ennui d'une discussion métaphysique. Mais cette opinion a été soutenue par tant d'Ecrivains, elle a été adoptée par un si grand nombre de personnes, que je crois devoir développer ici mes idées à cet égard.

« Quel peut être le droit, dit l'auteur du traité *des délits & des peines* (1), que les hommes s'attribuent d'égorger leurs semblables ? Ce n'est certainement pas celui dont résultent la souveraineté & les lois ;

_____

(1) §. 27.

elles ne font que la fomme totale des petites portions de liberté que chacun a dépofées ; elles repréfentent la volonté générale, réfultat de l'union des volontés particulières. Mais quel eft celui qui aura voulu céder à autrui le droit de lui ôter la vie ? Comment fuppofer que dans le facrifice que chacun fait de la plus petite portion de liberté qu'il a pu aliéner, il ait compris celui du plus grand des biens ? Et quand cela feroit, comment ce principe s'accorderoit-il avec la maxime qui défend le fuicide ? comment l'homme auroit-il pu donner à un feul, ou à la fociété entière, un droit qu'il n'avoit pas lui-même. La peine de mort n'eft donc appuyée fur aucun droit. Je viens de le démontrer; elle n'eft qu'une guerre déclarée à un citoyen par la Nation, qui juge néceffaire, ou au moins utile, la deftruction de ce citoyen ».

Afin de ne laiffer aucun doute dans l'efprit du lecteur, je vais ramener ce raifonnement à la précifion de la forme fyllogiftique ; il fera facile alors d'apercevoir l'erreur qu'il renferme.

Perſonne ne peut donner ce qu'il n'a pas ; mais l'homme n'a pas le droit de ſe tuer : donc le Souverain, qui n'eſt que le dépoſitaire des droits tranſmis par les individus au corps entier de la ſociété, ne peut avoir le droit de punir de mort qui que ce ſoit.

Voilà le ſophiſme qui a ſéduit tant d'Ecrivains politiques. On ſent déjà, comme nous l'avons dit, qu'il ſeroit aiſé de l'étendre à toutes les autres eſpèces de peines qu'on emploie pour réprimer les délits. En effet, pourquoi, d'après ce principe, ne pourroit-on pas dire que les peines des galères, des mines, de la priſon perpétuelle, ne peuvent être infligées par l'autorité ſuprême, ſans une injuſtice atroce ? Puiſqu'aucun homme n'a droit de ſe tuer, aucun homme n'a droit d'accélerer ſa mort, & par conſéquent de ſe laiſſer condamner aux mines, aux galères, &c. ; on pourroit ajouter : Comme perſonne n'a droit de diſpoſer de ſa vie, perſonne n'a droit de diſpoſer de ſon honneur & de ſa liberté ; les peines infamantes, les peines qui privent de la liberté perfonnelle, font donc injuftes.

*Puffendorff* fentit les conféquences funeftes qu'on pouvoit déduire de ce principe, & il s'occupa à le combattre (1);
mais la foiblefle de fes raifons ne fit
qu'ajouter à la force du fophifme. Il fe
contenta d'alléguer, pour toute preuve,
une comparaifon, méthode de raifonner,
qui, en bonne logique, comme l'on fait,
n'eft pas très-concluante. De même, dit-
il, qu'un corps compofé peut avoir des
qualités qui n'exiftent dans aucune des
parties compofantes; ainfi un corps moral
peut avoir, en vertu de l'union même des
perfonnes dont il eft compofé, quelques
droits qui n'appartiennent à aucune des
perfonnes qui le compofent. L'harmonie
naît de l'ébranlement de plufieurs cordes
fonores. Pincez une feule de ces cordes, vous n'aurez qu'un fon. L'harmonie
n'appartient à aucune de ces cordes
confidérées en particulier, elle réfulte
de l'ébranlement fimultané de plufieurs
cordes.

_______________

(1) *De jure naturæ & gentium, lib. 8, cap. 3, §. 1.*

On pourroit, pour toute réponse, oppofer à cette comparaifon la comparaifon fuivante. De même que cent millions de cercles ne peuvent former un carré, parce qu'un carré ne peut jamais être réduit à un cercle ; ainfi la volonté de cent millions d'hommes ne peut rendre jufte ce qui eft injufte de fa nature ; c'eft-à-dire, ne peut donner à tout le corps de la fociété un droit qui n'appartient à aucun de fes membres. Mais les comparaifons ne font pas les armes d'un Philofophe qui raifonne de bonne foi.

Le célèbre Auteur du *Contrat focial* a voulu juftifier, d'une autre manière, l'ufage de la peine de mort (1). Je ne nie point que ce Philofophe n'ait porté fur cet objet cette profondeur de raifonnement qu'on admire dans tous fes ouvrages ; mais je crois qu'il eft impoffible de renverfer le fophifme que j'ai annoncé, fi

_______________________

(1) Voyez le chapitre 5 du contrat focial, livre 1. L'Auteur ne fait que modifier la mineure du fyllogifme. Je ne rapporte pas ici fon raifonnement, parce qu'il eft très-connu.

l'on ne remonte aux vrais principes, dont le droit de punir découle nécessairement.

Les vérités qui sont le plus près de nous sont toujours les plus difficiles à découvrir ; il faut, pour les voir, les éloigner par l'analyse. L'esprit humain ressemble à l'œil des vieillards ; ils distinguent les objets qui sont loin d'eux, & n'aperçoivent pas ceux qui sont à leur portée : il faut les placer à une certaine distance, pour qu'ils puissent les voir. Telle est précisément notre situation dans cette circonstance.

Tout le monde sait que la société doit avoir le droit de punir de mort l'homme atroce qui a fait périr son semblable ; mais où est le fondement de ce droit ? Ici commence l'incertitude. La vérité que nous voulons saisir est trop près de nous ; éloignons-la, nous ne tarderons pas à la voir.

L'homme, dans l'état d'indépendance naturelle, a droit à la vie ; il ne peut renoncer à ce droit. Mais peut-il le perdre ? peut-il en être privé sans qu'il y renonce ? est-il quelque circonstance où un autre homme puisse le tuer, sans en avoir reçu le pouvoir de lui-même?

Dans cet état d'indépendance naturelle, ai-je droit de tuer l'homme injuste qui m'attaque? Personne ne doute de ce principe. Si j'ai droit de le tuer, il a perdu le droit de vivre; car il seroit contradictoire que deux droits opposés existassent en même temps. Donc, dans l'état d'indépendance, il est des cas où un homme peut perdre le droit à la vie, & un autre homme acquérir celui de l'en priver, sans qu'il existe à cet égard de convention entre eux. Mais on demandera peut-être si ce principe est applicable au seul cas de l'agression & de la défense. Si l'événement répond aux desseins de l'agresseur; si son malheureux ennemi tombe sous son bras homicide, alors le droit qu'avoit celui-ci sur la vie de l'agresseur est-il éteint par sa mort, ou bien peut-il être exercé par tous les autres hommes, dépositaires & vengeurs des lois naturelles? Doit-on supposer que l'agresseur qui avoit perdu le droit à la vie avant d'achever son crime, l'ait recouvré lorſque le délit a été conſommé? Doit-on croire que de la même cauſe naiſſent, avant & après, deux effets ſi diamétralement oppoſés?

Je réponds à cette queſtion par l'autorité du plus grand Philoſophe de l'Europe. « Les lois naturelles, dit Locke (1), de même que toutes les autres lois qui concernent les hommes, ſeroient entièrement inutiles, ſi perſonne, dans l'état de nature, n'avoit le pouvoir de les faire exécuter & de punir ceux qui les violent, ſoit à l'égard d'un particulier, ſoit par rapport au genre humain, dont la conſervation eſt le but des lois communes à tous les hommes. Si le droit de punir les crimes exiſte dans l'état de nature, il eſt clair que chacun doit avoir ce droit ſur tous les autres, puiſque les hommes ſont naturellement égaux ». Ou, en d'autres termes, puiſque ce qu'un homme peut faire en vertu des lois de la nature,

---

(1) Second traité ſur le Gouvernement civil, chap. 2 , §. 7 & ſuiv.

tout autre a également le pouvoir de le faire (1).

J'ajouterai une réflexion à ce raisonnement de Locke. La nature ne fait rien sans objet; la loi suprême de l'ordre lie toutes les parties de l'univers. Ce que nous appelons des phénomènes moraux, ces sentimens, ces passions qui nous agitent sans le concours de notre volonté, ne font, pour ainsi dire, que les anneaux de cette chaîne invisible de la nature : elle a autant de moyens que de buts, pour

---

(1) Si l'on n'admet pas l'existence de ce droit commun de punir dans l'état de nature, je ne sais comment l'on pourra justifier la confédération de deux ou de plusieurs peuples, pour faire respecter leurs droits, & pour punir celui d'entre eux qui osera violer les droits des autres. Les Nations sont entre elles dans l'état de nature, comme étoient les hommes avant la formation des sociétés. Or personne ne conteste que toutes les Nations n'aient le droit de s'unir & de faire la guerre à la Nation qui a violé le droit des gens contre quelqu'une d'entre elles, parce que chaque Nation est la dépositaire & l'exécutrice des lois qui dépendent du droit des gens. Si on accorde ce droit aux Nations, il faut l'accorder aux hommes dans l'état de nature.

me fervir de l'expreffion d'Ariftote (1).
C'eft par la connoiffance de quelques-uns
de fes moyens que nous pouvons faifir
quelques-uns de fes buts. Or quel eft l'objet de la haîne qui s'élève dans notre ame
contre un criminel qui n'a violé, ni nos
propres droits, ni ceux de nos parens,
ni ceux de nos amis? Qui de nous n'eft
effrayé de voir un crime impuni? qui de
nous ne fe réjouit, lorfque la juftice
condamne un coupable? qui de nous,
au récit d'une action atroce, ne voudroit
faire expier au criminel le mal qu'il a fait
à un infortuné qui nous eft inconnu?
Sommes-nous alors déterminés par quelque motif d'intérêt particulier?

Si la nature n'avoit donné qu'à l'offenfé
le droit de tuer l'agreffeur, pourquoi
feroit-elle naître dans notre ame un fentiment de haîne fi profond contre celui-ci?
L'amour de foi ne fuffiroit-il pas, dans
ce cas, pour répondre au but de la nature? Pourquoi impofer à l'homme tant
de devoirs, & ne pas le mettre en état

---

d'en empêcher la violation ? Pourquoi lui donner tant de droits, & ne pas lui accorder celui qui feul peut les faire refpecter (1) ?

Sans ce droit, la loi de la nature auroit été une loi abfurde ( 2 ). Si l'état naturel avoit tant d'imperfections, ce n'eft pas parce que les hommes y étoient privés du droit de punir ; c'eft parce qu'ils manquoient de la force néceffaire pour l'exercer dans tous les cas. Que la femme d'un malheureux qui eft tombé fous les coups de fon ennemi, ne trouve perfonne dont le bras arrache

_______________

(1) « Le premier homme que je rencontrerai, fera mon bourreau », s'écria Caïn les mains encore dégoutantes du fang de fon frère. ( *Genéfe iv.* 14. )

(2) Si cette loi m'oblige à faire refpecter mes droits & ceux des autres, elle me permet d'ufer des moyens néceffaires pour parvenir à ce but. Les premiers de ces moyens font les peines. Voyez *Wolff, jus naturæ, part.* 1*, cap.* 3*, §.* 1058, 1059. Il démontre cette vérité de la manière la plus évidente, en faifant dériver de cette obligation le droit de punir. Ce font peut-être ces mêmes principes qui ont fait dire à *Mallebranche*, que le pouvoir de punir eft moins un droit qu'un devoir du Prince.

la vie au meurtrier; que nul homme ne
veuille exercer contre lui un droit qui
appartient à chaque individu ; qu'une
foule de parens, hardis & féroces, protège son impunité: vainement l'infortunée
rappellera à ses semblables les droits
qu'ils tiennent de la nature; vainement
elle réveillera dans leurs ames tous les
sentimens de la douleur & de la pitié;
l'assassin , protégé par une force supérieure, verra son crime impuni, & le
moindre attentat contre lui ne fera que
multiplier les victimes de sa perfidie &
les exemples funestes de son impunité.

Or cette imperfection de l'état de nature a été corrigée dans la société : on
n'a pas créé un nouveau droit, on a
assuré l'exercice d'un droit ancien. Dans
cet ordre de choses , ce n'est plus un
particulier qui s'arme contre un autre
particulier pour le punir de son crime ,
c'est la société tout entière. Le dépositaire de la force publique exerce ce
droit général que tous les individus ont
transporté au corps de la société, ou au
chef qui la représente.

Cette ceſſion ne ſe fit pas en un inſtant; il s'écoula un long intervalle avant que les hommes ſe fuſſent entièrement dépouillés d'un droit ſi précieux. Nous tracerons dans le cours de ce Livre cette lente progreſſion, & nous montrerons comment elle ſuivit le développement de la ſociété même (1).

Réſumons tout ce que nous avons dit. L'homme, dans l'état de nature, a droit à la vie; il ne peut renoncer à ce droit, mais il peut le perdre par ſes crimes.

Tous les hommes ont, dans cet état, le droit de punir la violation des lois naturelles; & ſi cette violation a rendu le tranſgreſſeur digne de mort, chaque homme a droit de lui ôter la vie. Or ce droit que, dans l'état d'indépendance naturelle, chacun avoit ſur tous, & que tous avoient ſur chacun, a été tranſmis à la ſociété, & dépoſé entre les mains du Souverain. Le droit qu'a celui-ci d'infliger la peine de mort, comme toute autre peine, ne dépend donc pas de la

_______________

(1) Chapitre 12.

cession des droits que chacun avoit sur
soi-même, mais de la cession des droits
que chacun avoit sur les autres (1). Au

---

(1) Je dois prévenir ici une objection que pourroient
me faire quelques publicistes sur ce que j'ai dit relativement au droit de punir qu'a l'homme dans l'état de
nature. La peine, disent les publicistes, est un acte
d'autorité, exercé par un supérieur sur son inférieur ;
mais on ne peut avoir d'empire sur son égal : *Par in
parem non habet imperium ;* tous les hommes étant
donc égaux dans l'état naturel, aucun d'eux ne peut
avoir le droit de punir. Je pourrois nier la majeure du
syllogisme ; je pourrois dire que cette circonstance de
*supériorité*, que les publicistes croient nécessaire dans la
personne qui inflige la peine, n'existe que dans la société civile ; je pourrois dire, avec Barbeyrac ( comment.
sur le droit de la nature & des gens de Puffendorff, liv.
8, chap. 3, §. 4, note 3 ) : Comme dans la société civile,
par une suite nécessaire de sa constitution, les peines ne
sont infligées que par un supérieur, les hommes se sont
accoutumés à regarder cette circonstance comme essen-
tielle à la peine, & à l'établir comme un fait constant
qui n'a pas besoin de preuve. Mais laissons aux juriscon-
sultes leurs idées sur les peines, & répondons à l'objection,
sans contester le principe qui lui sert de base. Que
peut-on entendre par égalité naturelle ? Rien autre chose
sans doute qu'égalité de droits. Les hommes sont donc
égaux dans l'état de nature, parce qu'ils ont des droits
égaux. Si donc un d'eux perd un droit, tandis que les

*Tome IV.*                              C

même inftant que j'ai dépofé dans les mains du chef de la fociété le droit que j'avois fur la vie des autres, ceux-ci lui ont confié le droit qu'ils avoient fur la mienne ; & c'eft ainfi que, moi & les autres membres de la fociété, fans céder notre droit à la vie, nous fommes également expofés à la perdre, fi nous venons à commettre ces excès còntre lefquels l'autorité légiflative a prononcé la peine de mort.

Mais quels font les excès, quels font les crimes qui doivent être punis de cette manière. Si l'autorité légiflative a le droit d'infliger des peines capitales, comme je l'ai prouvé, dans quel cas peut-elle exercer ce droit ? Comment diftin-

___

autres le confervent, l'égalité naturelle ceffe, ceux-ci deviennent les fupérieurs de celui-là. Or dans l'état de nature, celui qui attente au droit d'un autre, perd, dans le même temps, comme on l'a vu, un droit fem-blable. Dans ce cas, il n'eft plus égal au refte des hommes : par conféquent, tous les autrés qui n'ont perdu aucun droit, lui font fupérieurs, & comme tels, peuvent le punir. Donc le crime, dans le même temps qu'il détruit l'égalité, tranfmet le droit de punir,

guera-t-on, fur cet objet, l'ufage de l'a-
bus ? Confultons la raifon & l'expérience , & voyons ce qu'elles nous ap-
prennent.

## CHAPITRE VI.

*De la modération avec laquelle on doit faire
ufage de la peine de mort.*

PRIVER un homme de l'exiftence;
immoler un individu à la tranquillité
publique; fe fervir de la force même qui
défend notre vie, pour l'enlever à celui
qui, par fes attentats, a perdu le droit
de la conferver; c'eft recourir à un remède violent, qui ne peut être utile que
lorfqu'il eft employé avec la plus grande
modération, & dont l'abus doit conduire
par degrés le corps politique de l'épui-
fement à la mort. Le fpectacle que pré-
fentent en ce moment plufieurs Nations
de l'Europe , eft une trifte preuve de
cette vérité.

Quels font chez ces Nations les effets

de l'abus de la peine de mort? On y a
multiplié le nombre des délits atroces :
les délits ordinaires demeurent impunis;
& toute l'énergie de la peine s'y est
affoiblie.

On se plaint en France du grand nombre des assassinats, & on attribue assez
généralement ce mal épouvantable à la
loi qui punit de mort le simple vol. Rien
n'y excite le voleur à ne pas devenir un
assassin; s'il vole, il est condamné à la
mort; s'il vole & s'il assassine, il est condamné à la même peine. Le voleur y est
donc presque toujours assassin, parce que
son second crime, sans l'exposer à une
peine plus grande, le délivre d'un témoin
important, dont la dénonciation peut le
traîner au supplice. En punissant de
mort les voleurs, on a donc multiplié en
France les assassinats.

Un autre effet de cet abus de la peine
de mort, c'est l'impunité des crimes moins
atroces. Règle générale : Une loi tyrannique ne peut subsister chez un peuple
libre; une loi féroce doit, tôt ou tard,
perdre sa vigueur chez un peuple sensible.

Si l'autorité légiflative ne l'abolit pas, les mœurs publiques la forcent de fe taire ; & la négligence ou la dureté du Légiflateur eft alors la feule caufe des progrès de ce mal, qu'une loi plus douce arrêteroit facilement. Une multitude d'exemples pourroit attefter cette vérité : je n'en rapporterai que deux.

Les banqueroutes frauduleufes feroient plus rares, fi la loi avoit prononcé contre ce crime des peines moins févères. Tous les codes de l'Europe ordonnent la peine de mort : mais quel banqueroutier a jamais été puni du fupplice de la corde ? L'excès de la peine a produit l'impunité, & l'impunité a multiplié les banqueroutes. L'Europe eft pleine de négocians, qui, après avoir abufé de la confiance publique, paffent tranquillement leur vie à confommer les reftes de la fubfiftance d'une foule de malheureux que leur mauvaife foi à réduits à la mendicité. Chacun fe fait un devoir de concourir à cacher leur crime ; les parties intéreffées elles-mêmes ne réclament pas contre eux la rigueur de la juftice ; & le Magiftrat, afin de ne pas les condamner à la peine établie par la loi, est le premier à leur assurer l'impunité, & à empêcher la publicité du délit.

Il en est de même du vol domestique. Ce crime seroit-il aussi commun, si la loi ne le punissoit de mort? Pour ne pas voir un gibet élevé devant la porte de sa maison; pour ne pas s'exposer à la malédiction publique, le maître cache le voleur domestique aux regards de la justice; il croiroit faire un crime en l'accusant: ainsi, le vol demeure impuni sous la protection même de la loi qui le punit.

L'abus de la peine de mort en affoiblit l'énergie. L'ordre de mes idées & la nature de mon ouvrage me forcent de répéter ici des choses communes.

Les peines ont une valeur absolue & une valeur d'opinion. La première est dans l'intensité de la peine; la seconde est dans l'imagination : l'une se mesure par le bien que l'on perd, l'autre par l'impression que fait cette perte dans l'ame des hommes.

Or l'on ne peut douter que les impreſſions les plus fortes ne s'affoibliſſent par la réitération des actes. L'intenſité de chaque mouvement de l'ame diminue à meſure que le nombre & la réitération des cauſes de ce mouvement augmentent. On ne voit jamais la mort avec plus d'indifférence qu'au milieu de la guerre ou de la contagion.

L'horrible ſpectacle d'un criminel traîné ſur l'échaffaud par la main de la juſtice, ne fera plus la même impreſſion ſi on le préſente ſouvent aux regards du peuple. La loi, trompée dans ſon eſpoir, verra ces meurtres publics contemplés avec indifférence par les ſpectateurs; elle lira ſur leurs viſages froids & tranquilles l'inefficacité d'un remède acheté au prix de la vie d'un homme (1).

Voilà ce qu'on obſerve dans les pays où les lois abuſent de la peine de mort. Mais ne nous arrêtons pas plus long-

______

(1) *Severitas , quod maximum remedium habet, aſſuduitate amittit auctoritatem.* ( *Senec. de clement. lib.* 1 , *cap.* 21. )

temps fur des vérités que perfonne ne conteſte ; & fans fatiguer le lecteur par des réflexions inutiles , déterminons en peu de mots dans quelles circonftances & de quelle manière on doit reftreindre l'uſage de cette peine. Qu'on ôte la vie à celui qui , de fang froid , a directement ou indirectement attenté avec férocité à la vie de fon femblable (1) ; que l'on condamne à la mort celui qui a trahi la patrie , qui s'eft efforcé de renverfer la conftitution , qui en un mot s'eft rendu coupable de lèfe-majefté au premier chef : que , reftreinte à ce feul cas , cette peine foit exécutée avec tout l'appareil qui peut la rendre impofante aux yeux du peuple ; mais qu'en même temps elle foit pour le coupable la moins cruelle qu'il eft poffible ; que les diverfes efpèces de crimes auxquels elle fera deftinée , foient punies

---

(1) On peut comprendre dans la claffe des attentats indirects une accufation calomnicufe , ou un faux témoignage relatifs à un crime qui entraîne la peine de mort , la diftribution des poifons , les prévarications des Juges dans les matières criminelles.

par l'union de ce fupplice avec d'autres peines, & non par le plus grand ou le moindre degré de dureté dont il eft fufcep- tible; que l'on profcrive ces fupplices féroces que nous voyons fubfifter encore chez quelques peuples qui vantent la douceur de leur caractère & la fenfibilité de leur ame, mais dont les codes offrent encore tous les traits de la barbarie; que la juftice n'ofe plus fe couvrir du voile de la tyrannie, lorfqu'elle conduit fa victime à la mort : que le Légiflateur fache que les tourmens les plus recher- chés, loin de corriger les hommes, ne font que les foulever contre les lois; qu'ils détruifent l'effet de la peine, au lieu de la rendre plus efficace ; qu'ils excitent la pitié pour le coupable, & non l'horreur pour le crime ; qu'ils offrent des exemples de férocité, au lieu de donner des leçons bienfaifantes de juftice ; que le Légiflateur foit enfin perfuadé qu'un fpectacle de cette nature n'aura jamais l'approbation publique ; qu'une punition qui n'eft pas ratifiée par le vœu général eft inutile, & qu'une punition inutile eſt toujours injuſte, parcé que l'objet de la loi n'eſt pas de venger la ſociété, mais de la préſerver des maux auxquels l'impunité du coupable pourroit l'expoſer (1): tel eſt l'uſage que la raiſon, la juſtice, & l'humanité nous permettent de faire de la peine de mort.

# CHAPITRE VII.

### *Des peines d'infamie.*

LA douleur n'eſt pas l'unique inſtrument de la ſanction pénale pour les Gouvernemens modérés. Il n'y a que le deſpotiſme qui ne ſache éloigner du crime les vils eſclaves qu'il appelle ſes peuples, que par le bâton, la corde, ou des tourmens affreux. Sous l'empire d'un tyran, on ne ſait apprécier que les biens & les maux réels ; on ne connoît pas les biens & les maux d'opinion, parce qu'il n'y a & ne peut y avoir d'opinion générale dans un pays où la

_______________

(1) Voyez le chapitre 3.

volonté arbitraire & inconftante d'un feul détermine la volonté de tous ; où celui qui commande difpofe des efprits comme des corps, & où celui qui obéit n'eft, pour ainfi dire, qu'un être inanimé, qui fuit la direction qu'on lui imprime. Il n'en eft pas ainfi des Gouvernemens modérés ; l'autorité fouveraine y peut réprimer, par deux efpèces de moyens, les affections vicieufes du citoyen.

Ces deux efpèces de moyens naiffent des deux fortes d'exiftence phyfique & morale de l'homme. Les moyens qui tiennent à l'exiftence morale, lorfqu'ils font bien dirigés, ont conftamment autant de force que ceux qui dérivent de l'exiftence phyfique : quelquefois même ils peuvent en avoir davantage. Parmi les moyens attachés à l'exiftence morale, ou aux rapports moraux du citoyen avec la fociété, il en eft un dont l'énergie ne peut être conteftée : c'eft la crainte de l'infamie, ou la perte du droit à l'opinion publique. Cette opinion, fi chère à l'homme, cette opinion, pour laquelle la jeune Indienne fe précipite volontairement

dans les flammes du bûcher, où se con-
sume le corps de son époux (1) ; cette
opinion, qui fait courir un guerrier, non
vers l'ennemi de sa patrie, de sa famille,

______

(1) Cette coutume des Indiens paroîtra bien extraordinaire, si l'on réfléchit à leur dogme de la métempsycose : ils croyent que l'ame, après la destruction du
corps, en va animer un autre, & que ces transmigrations
successives n'auront jamais de fin. Je ne sais comment,
avec un pareil système, on a pu ordonner que la femme
mêleroit ses cendres à celles d'un époux dont elle doit
pour toujours demeurer séparée. Mais, par un effet de
la contradiction ordinaire de l'esprit humain, une femme
qui se déroberoit à cet affreux suicide, seroit à jamais
infame dans l'Indostan, & ses enfans partageroient son
ignominie. Les Européens ont fait des efforts incroyables pour diminuer le nombre de ces spectacles dans les
pays de leur domination. Quelques Princes Maures ont
imaginé de faire de cet usage un objet de contribution :
ils accordent aux Indiennes la permission de se brûler,
moyennant une somme considérable. On a vu quelques-
unes de ces femmes se livrer avec opiniâtreté aux travaux
les plus pénibles, pour acheter la permission de cet
étrange suicide. Si l'opinion a tant de pouvoir contre
la nature & la raison, quelle force n'auroit-elle pas si
elle étoit combinée avec l'une & l'autre? Dans le quatrième livre de cet Ouvrage, nous nous occuperons de ce
grand objet; nous ne l'observons ici que dans ses rapports avec le code pénal.

mais vers l'ennemi d'un Roi qui ne lui eſt connu que par les vexations qu'il en éprouve chaque jour ; cette opinion qui, dans certaines circonſtances, rend l'homme ſupérieur à ſes paſſions les plus fortes, qui lui fait rompre tous les liens qui l'environnent , qui lui fait violer toutes les lois ; cette opinion qui l'entraîne , l'épée à la main & le corps découvert, dans un combat ſingulier, où il ne peut échapper à la mort que pour la retrouver ſur l'échaffaud , ou pour abandonner ſa patrie , ſes parens , ſes amis , ſa fortune , tous les objets en un mot les plus chers à ſon cœur ; cette opinion que l'homme préfère à la vie , parce qu'elle ne meurt pas avec lui, parce qu'elle reſte éternellement unie à ſon nom ; cette opinion offre au Légiſlateur les moyens les plus puiſſans pour éloigner l'homme du crime.

L'Egypte connut la première l'activité de ce reſſort, & elle enſeigna aux autres Nations l'uſage que les lois pouvoient en faire. Les ſages Légiſlateurs de ce peuple voulurent effrayer le méchant par une peine qui lui furvécût. L'homme puiffant qui violoit les lois, pouvoit efpérer, pendant fa vie, de voir fon crime impuni ; mais au moment d'entrer dans la tombe , il étoit arrêté par un tribunal redoutable , qui condamnoit fon nom à un opprobre éternel , & privoit fon corps des honneurs de la fépulture.

Le citoyen, le Magiftrat, le Prêtre, le Monarque , tous devoient fubir leur jugement avant d'être enfevelis. Un lac ténébreux féparoit le lieu de la fépulture, de la demeure des vivans. Sur les bords de ce lac on arrêtoit le mort, & un Héraut crioit d'une voix menaçante : « Qui que tu fois, maintenant que ton pouvoir a fini avec ta vie, que tes titres, que tes dignités t'abandonnent, que l'envie ne cache plus tes bienfaits, que la crainte ne voile plus tes crimes, que l'intérêt n'exagère ni tes vices , ni tes vertus ; rends compte à la patrie de tes actions. Qu'as-tu fait de la vie ? La loi t'interroge, la patrie t'écoute, la vérité va te juger ».

Alors quarante Juges recevoient les accufations qu'on formoit contre le mort; on publioit tous fes crimes fecrets; on examinoit, s'il étoit fimple citoyen, avec quelle exactitude il avoit obéi aux lois; Magiftrat, comment il avoit adminiftré la juftice; Prêtre, comment il avoit rempli les fonctions de fon miniftère facré; Roi, s'il avoit exercé avec modé-ration le pouvoir fuprême. Le citoyen qui avoit violé les lois, le Magiftrat qui les avoit éludés, le Prêtre qui les avoit profanées par la fuperftition, le Roi qui avoit fait verfer le fang du peuple dans une guerre injufte, qui avoit diffipé les revenus publics, qui avoit commis des violences fur des particuliers, des extor-fions fur le public, qui avoit dicté ou protégé une loi injufte, en un mot, qui avoit abufé de fes droits & obfcurci l'éclat du trône, tous étoient condamnés à l'infamie, & privés de la fépulture. On n'accordoit ces derniers honneurs qu'à celui qu'on avoit jugé innocent; & un

éloge public offroit à fes contemporains
& à fa poftérité de grands exemples à
fuivre (1).

Tels étoient en Egypte ces jugemens
des morts, dont toute l'antiquité nous
parle avec admiration ; ces jugemens qui
déterminèrent les progrès rapides de la
vertu, chez un Peuple dont les inftitutions ont éclairé l'humanité. Il fentit
le premier qu'il étoit poffible de fubftituer à des peines réelles, des peines
d'imagination.

Après les Egyptiens, Minos (2),
Licurgue (3), Zéleucus (4), Caron-

___

(1) Diodore, liv. 1, page 103.

(2) Plutarq. Vie de Minos.

(3) *Nicolaï Gragii, de Republicâ Lacedœm. lib.*
*3, tabula 4, inftit. 1, 2 & 3 ; tabula 6, inftit. 10 ;*
*& tabula 8, inftit. 11, apud Gronovium in Thefaur.*
*antiquit. t. 5.*

(4) Polybe, parlant de la Légiflation des Locriens,
cite une loi de ce Légiflateur, qui, pour arrêter le luxe
des femmes, ordonnoit que les filles publiques por-
teroient feules des bijoux d'or & des vêtemens de
diverfes couleurs. Diodore de Sicile rapporte en détail

das

das (1) & Solon (2), montrèrent, en
Crète, à Sparte, à Locres, à Thurium

cette loi ( liv. 12, chap. 21. ) : « Qu'une femme de
condition libre, à moins qu'elle ne foit conftamment
dans l'ivreffe, ne puiffe avoir plus d'une efclave auprès
d'elle ; qu'elle ne forte pas de la ville pendant la nuit,
à moins que ce ne foit pour aller à un rendez-vous ;
qu'elle ne fe couvre point de bijoux & d'étoffes peintes,
à moins qu'elle ne faffe le métier de courtifane. Qu'un
homme ne porte des vêtemens de drap de Milet, que
lorfqu'il ira fe vouer à une infame proftitution ». Il
exiftoit à Sparte une loi pareille, comme on peut le
voir dans Clément d'Alexandrie, *Pædagog. lib.* 2,
*cap.* 10 ; & dans Ælien, *Var. hiftor. lib.* 14 *& 7.*

( 1 ) Il établit des peines infamantes contre les
calomniateurs, & contre ceux qui abandonneroient
l'armée, ou qui refuferoient de prendre les armes pour
la défenfe de la patrie : les uns étoient menés dans
les rues, couronnés de tamarin, pour montrer au
public toute leur perverfité ; les autres étoient expofés
pendant trois jours dans la place publique, vêtus d'habits
de femme. Voyez Diodore de Sicile, *ad Olymp.* 83,
*an.* 3. Ces deux lois fuffiroient pour rendre célèbre ce
Légiflateur, digne de tous les éloges qu'Ariftote lui donne
dans le fecond livre de fa République, *cap. ult.*

(2) Voyez la collection des lois d'Athènes par Petit,
principalement au livre 4, titre 9, & au livre 8, titre 3.
Potter, *Archæologia græca, lib.* 1, *cap.* 25, parle
des trois efpèces d'infamie établies par les lois, &

*Tome IV.*                    D

& à Athènes, quels effets prodigieux peut avoir l'opinion publique, lorfqu'elle eſt bien dirigée.

Rome elle-même, tant qu'elle fut libre & vertueuſe, ſentit combien pouvoit contribuer à la conſervation des mœurs le jugement de la cenſure, qui, ſans faire perdre au citoyen aucune de ſes prérogatives, l'effrayoit par l'ignominie dont elle couvroit ſa perſonne (1). L'infamie de *droit* entraînoit la perte de la plupart des prérogatives de la cité (2). Cette eſpèce d'infamie conſerva toute ſa force, lorſque l'autre fut affoiblie par la décadence des mœurs, de la cenſure, & de la liberté. Le Romain, dégradé par

---

d'une peine qui conſiſtoit à écrire ſur une colonne le crime & le nom du coupable. Démoſthène, *orat. in Næeram*, rapporte une loi, par laquelle il étoit défendu au mari de retenir chez lui ſa femme adultère, & à celle-ci d'aſſiſter aux ſacrifices publics.

(1) *Cenſoris judicium nihil fere damnato affert niſi ruborem ; itaque quod omnis ea judicatio verſatur tantummodo in nomine, animadverſio iſta ignominia dicta eſt.* ( *Cicer. lib. 4, de Repub.* )

(2) *Sigonius de judiciis, lib. 2, cap. 3.*

les outrages de la tyrannie, ne redoutoit plus, dans l'infamie *de la loi*, la perte de l'opinion publique, mais l'exclusion de toute dignité civile (1) ou militaire (2), de toute fonction judiciaire (3); il ne voyoit plus dans cette infamie qu'une peine qui le privoit du pouvoir, & de l'espérance de l'obtenir (4), qui lui défendoit de former une accusation (5), ou de déposer dans les jugemens (6). L'amour du pouvoir, venant alors fortifier la crainte de l'infamie, donnoit à cette peine une très-grande énergie. Le despotisme ne fut pas la seule cause qui affoiblit ce ressort; la multiplicité des personnes infames & l'abus des peines infaman-

(1) *Leg.* 3, *cod. de dignit.*

(2) *Leg.* 4, §. *ad tempus*, *ff. de re milit.*

(3) *Leg. ne quis* 38, *cod. de decur.*; *leg.* 1, *ff. ad leg. Jul. de vi privat.*; *leg. cum prætor*, 12, §. *lege. ff. de jud.*; *leg.* 2, *ff. de offic. adsessoris.*

(4) *Leg.* 1, §. *secundo*, & §. *aut prætor*, 8, *ff. de postulat.*

(5) *Leg.* 4 & *leg.* 8, *ff. de accusat.*

(6) *Leg.* 3 & *leg.* 21, *ff. de testibus.*

D 2

tes (1) auroient produit le même effet dans un Gouvernement plus modéré.

Règle générale. Pour que les peines d'infamie aient conſtamment la plus grande force poſſible, il faut que cette peine ſuive l'opinion publique, & ne la contrarie jamais ; il faut que le nombre des perſonnes infames ne ſe multiplie pas trop ; qu'on n'inflige point cette eſpèce de peine aux claſſes de la ſociété qui ne ſentent pas le reſſort de l'honneur, ou qui le ſentent foiblement. Le développement de ces trois principes, renfermés dans cette règle générale, indiquera au Légiſlateur l'uſage qu'il doit faire des peines infamantes. Je vais parler du premier de ces principes.

L'infamie de la loi n'eſt rien, ſi elle n'eſt jointe à l'infamie de l'opinion. Cette vérité, ignorée de beaucoup de Légiſlateurs, eſt d'une très-grande évidence.

_______________

(1) Si l'on veut voir juſqu'à quel point fut porté à Rome l'abus de l'infamie, on n'a qu'à lire dans le Digeſte le titre *de iis qui notantur infamiâ ;* & dans le Code, le titre *ex quibus cauſis infamia irrogatur.*

L'infamie eſt une peine, & la peine eſt la perte d'un droit. Or quel eſt le droit que l'on perd par la peine d'infamie? Si la loi ne combine pas d'autres peines avec l'infamie, c'eſt le droit à l'opinion publique. Il ſuit de là, que ſi cette opinion publique ne regarde pas comme infame celui que la loi déclare tel, la peine eſt inutile; elle s'évanouit d'elle-même.

Mais, on demandera, cela peut-il jamais arriver? la loi n'a-t-elle pas le pouvoir de déterminer comme elle veut l'opinion publique, & de la forcer à regarder comme infame celui qu'elle-même a condamné comme tel?

Deux réflexions, fondées ſur un ſimple fait, répondront à cette objection.

Suppoſons qu'un Légiſlateur, pour montrer la toute-puiſſance de ſes lois, voulût déclarer honorable le métier de bourreau; ſuppoſons que cet homme fût tout à coup décoré des titres les plus éclatans, du premier ordre de l'Etat; que la nobleſſe qui lui eſt accordée par la loi fût tranſmiſe à ſes deſcendans; que

les premiers emplois, les premières dignités de la Nation fuffent offerts à leurs
défirs : quels effets produiroit une telle
difpofition ? Le bourreau & fes enfans,
honorés par la loi, refteroient infames
dans l'opinion publique ; tous ces titres,
toutes ces diftinctions feroient à l'inftant
abandonnés par ceux qu'on en avoit revêtus ; & une fubite révolution d'idées
convertiroit ces fignes de nobleffe & de
mérite, en fignes d'infamie.

On dira peut-être que dans ce cas la
nature elle-même détermine l'opinion
publique à concevoir de l'horreur pour
celui qui exerce cet emploi fanguinaire ;
& que cette inflexible difpofition des
efprits eft l'ouvrage, non de l'opinion,
mais de la nature. La loi, ajoute-t-on,
triompheroit de l'opinion, fi celle-ci
n'étoit foutenue & infpirée par la nature.

Pour répondre à cette objection, je
demanderai d'après quels principes on
peut affurer que la nature prononce elle-
même l'infamie du bourreau ; la nature
n'eft-elle pas conftante dans toutes fes
opérations ? Si elle déterminoit l'opinion

publique à regarder le bourreau avec exécration, pourquoi n'inspireroit-elle pas le même sentiment à l'égard du soldat qui tire un coup de fusil dans la poitrine de son camarade, dont tout le crime n'est souvent que d'avoir transgressé les seules lois de la discipline ; tandis que le bourreau arrache la vie à un homme qui a commis les plus horribles attentats ? Si elle prononçoit l'infamie de cet exécuteur public, pourquoi cet emploi n'auroit-il pas eu le même sort chez tous les peuples & dans tous les temps ? Pourquoi le Roi de Maroc est-il le bourreau de ses propres sujets ? Pourquoi dans les anciennes Monarchies de l'Asie avoit-on chargé de cette fonction un des premiers Officiers de la Cour, celui qu'on honoroit du nom de *Grand Sacrificateur ?* Pourquoi chez les Israëlites la sentence de mort étoit-elle exécutée, ou par le peuple entier, ou par les accusateurs, ou par les parens de l'homicide, & quelquefois par les Juges eux-mêmes, sans que leurs mains, baignées du sang du coupable, devinssent infames ? Pourquoi, chez les Romains,

les Licteurs n'étoient-ils pas déshonorés?
Pourquoi les Druides, chez les Gaulois,
ne perdoient-ils pas tout droit à l'estime
publique, en égorgeant, avec les victimes, les hommes qui, par leurs délits,
avoient mérité la mort? Pourquoi, dans
d'autres temps, la sentence de mort
étoit-elle exécutée, en quelques pays
de la Germanie, par l'homme le plus
jeune du canton; à Stieden, par le dernier domicilié du lieu; en Franconie,
par le dernier marié; à Reutingue, par
le dernier Magistrat admis dans le con-
seil, sans qu'aucun de ces exécuteurs fût
infame dans l'opinion publique? Aristote
enfin auroit-il osé mettre le bourreau au
nombre des Magistrats, si les Grecs eussent eu dans ce siècle, pour de telles
fonctions, ce mépris & cette horreur que
nous avons aujourd'hui (1)?

Tous ces faits attestent que l'infamie
dont la personne du bourreau est couverte parmi nous, n'est point l'ouvrage
de la nature: ses lois sont invariables,

_______________

(1) *Aristot. de Repub. lib. 6, cap. ult.*

& sans doute elle eût fait naître les mêmes impressions chez tous les peuples & dans tous les temps.

Mais la loi n'a-t-elle pas le pouvoir, en déclarant un homme infame, de le rendre tel dans l'opinion publique? Je répondrai par un seul fait à cette objection. Chez une Nation célèbre de l'Europe, on eut recours, pour réprimer la fureur des duels, à un remède qui paroissoit propre à détruire le mal dans sa source. On défendit ces combats singuliers, & la peine d'infamie fut la sanction de la loi; on déclara infames, & celui qui portoit le défi, & celui qui l'acceptoit. Quels furent les effets de cette loi? Les duels continuèrent; l'opinion publique ne ratifia pas l'infamie de la loi; celui qui enduroit un outrage, celui qui n'acceptoit pas le duel, étoit infame par l'opinion; & celui qui se battoit, étoit infame par la loi.

L'homme, déclaré infame par la loi, jouissoit, comme auparavant, & même à un plus haut degré, de l'estime & du respect de ses concitoyens; il n'étoit

infame que de nom. Celui qui, au contraire, avoit obéi à la loi, devenoit l'objet
du mépris public; il étoit infame par
le fait. On rejeta par conféquent l'infamie de la loi; on redouta celle de l'opinion.

Ce n'eft donc pas la loi qui établit
l'infamie; elle ne peut faire autre chofe
que la déclarer. L'opinion publique,
cette propriété la plus libre & la plus
précieufe des hommes; cette confcience
générale que les lumières doivent rectifier & diriger, mais que la loi ne peut ni
contraindre, ni méprifer; l'opinion publique feule détermine donc l'infamie.
Le Légiflateur ne peut que faciliter le
développement des lois de cette opinion,
dans les cas où elles fe concilient avec
l'intérêt public, en manifeftant, par les
formalités de l'inftruction judiciaire &
par la publicité de la peine, l'infamie de
l'accufé, qui, fans cette exécution publique, refteroit incertaine, fecrète, ou du
moins ignorée de la plus grande partie de
la fociété.

Les peines d'infamie ne doivent donc

être prononcées que contre les crimes infamans de leur nature (1). Voilà la première règle qui doit diriger l'usage de ces peines. Je passe au second principe, relatif au nombre des personnes infames, que j'ai exposé ci-dessus, dans la règle générale.

Il est aisé de voir que la force de l'infamie dépend beaucoup de la modération avec laquelle on se sert de cette peine. L'infamie est une peine d'opinion : or les impressions trop fréquentes sur l'opinion l'affoiblissent. Un exemple rendra cette vérité sensible. La patrie est dans un danger pressant. Un citoyen intrépide court à sa défense, & s'expose à toute sorte de périls : le succès répond à son audace. Il revient de sa

_______________

(1) Nous avons une loi des Bourguignons, où cette règle est observée. Par un préjugé ancien & universel, l'adultère est un crime infamant pour la femme, & non pour l'homme. La loi des Bourguignons suivit l'opinion publique dans la punition de ce crime ; elle punit l'homme d'une peine pécuniaire, & la femme par l'infamie. Voyez, dans la collection de Lindenbrock le code des Bourguignons, chap. 44.

glorieuse entreprise, couvert de blessures.
La Nation bénit le Héros, & l'opinion
publique l'égale aux Dieux. Ce danger
se renouvelle mille fois. Mille citoyens,
l'un après l'autre, vont défendre la patrie,
& chacun d'eux retourne chargé de gloire.
Le salut de la patrie appartient au dernier, comme au premier d'entre eux : les
risques ont été les mêmes pour tous. Le
peuple sent que le bienfait & la valeur
sont semblables de part & d'autre ; mais
l'héroïsme du dernier citoyen fera-t-il,
sur l'opinion publique, la même impression que l'héroïsme du premier ? Quel
sera l'effet de cette multitude d'actions ?
Le dernier n'obtiendra pas cette mesure
d'opinion qu'avoit eue le premier, &
celui-ci perdra tout ce qu'il avoit de plus
sur l'autre.

Appliquons ce principe à l'infamie,
& nous verrons que, comme le nombre
des Héros, trop multiplié, affoiblit dans
l'opinion des hommes le mérite de l'héroïsme ; ainsi le nombre des gens infames,
trop multiplié, affoiblira le ressort de
l'infamie ; nous verrons que, dans les

peines comme dans les récompenfes d'opinion, la force diminue, à mefure qu'on multiplie le nombre des gens punis ou récompenfés (1); nous verrons enfin que, pour les uns comme pour les autres, les deux principes développés ci-deffus font infuffifans. Il faut en établir un troifième, relatif à l'état des perfonnes.

S'il exifte dans la fociété une claffe qui ne connoiffe pas le prix de l'opinion, ou qui y foit peu fenfible, le Légiflateur, pour l'exciter au bien, ou l'éloigner du mal, ne doit fe fervir, ni des récompenfes, ni des peines d'opinion. Les honneurs & l'infamie feront inutiles pour cette claffe d'hommes; les récompenfes & les peines réelles feront les feuls encouragemens, les feuls freins

---

(1) Solon, voyant que le nombre des infames s'étoit trop multiplié à Athènes, fit rétablir dans leur honneur tous ceux qui avoient été condamnés à l'infamie avant fa préture, à l'exception de ceux qui font fpécifiés dans fa loi. Voyez Plutarque, Vie de Solon.

convenables. S'il est au contraire dans la société une classe d'hommes qui préfère l'honneur à la vie, la mort à l'infamie, les récompenses & les peines d'opinion seront ici plus efficaces que les récompenses & les peines réelles. Ces vérités sont si évidentes, qu'il est inutile de les démontrer. Mais, dira-t-on, deux classes d'hommes si différentes existent-elles dans la plupart des sociétés actuelles de l'Europe? Dans ce cas l'infamie ne sera-t-elle pas un frein impuissant pour une partie du peuple? Cette espèce de peine ne devroit-elle pas être étrangère à la dernière classe du peuple de tous les Etats, excepté des Gouvernemens entièrement démocratiques? Dans quelles circonstances pourroit-on l'infliger à toutes les classes de la société?

Ce n'est pas ici le lieu de résoudre ces grandes questions; nous nous y arrêterons lorsqu'il s'agira du rapport des peines avec les différens objets qui composent l'état des Nations. Terminons ce chapitre par une réflexion très-vraie, mais ignorée de la plupart des Législateurs.

Le nombre des peines prefcrites par les lois de l'humanité, eft bien peu confidérable, lorfqu'on le compare au nombre des délits. Si la vigilance du Légiflateur n'y fupplée, il fera obligé de fortir de ces bornes, & de chercher, dans les efpaces indéfinis de la tyrannie, ces remèdes cruels, qui peut-être arrêtent le mal pour un inftant, mais qui épuifent pour toujours le corps politique, en affoiblif-fant tous fes refforts. Voilà ce qui eft arrivé dans une grande partie des Nations de l'Europe. Cet exemple devroit engager un fage Légiflateur à donner aux peines infamantes tous les degrés de févérité dont elles feroient fufceptibles.

Le moindre de ces degrés feroit la fimple déclaration d'infamie. On pour-roit ajouter à cette déclaration quelques circonftances plus ou moins infamantes, proportionnées à la gravité du crime. Dans certains cas on pourroit, par exemple, afficher au milieu d'une place publique le nom du coupable, fon crime, & le genre d'infamie auquel il a été con-damné, comme cela fe pratiquoit quelquefois à Athènes ; tantôt on pourroit mettre son effigie en pièces dans tous les carrefours de la ville ; tantôt on exposeroit pour quelques jours le coupable sur une place aux regards du peuple, &c. Le Législateur, en prononçant chaque peine infamante, indiqueroit toujours les circonstances qui doivent l'accompagner.

# CHAPITRE VIII.

## *Des peines pécuniaires* (1).

QUELQUES personnes ont cru que les peines pécuniaires ne devroient pas entrer

---

(1) Je ne parle point dans ce chapitre de l'usage que les peuples barbares ont fait de cette espèce de peine : je m'occuperai dans peu de cet objet intéressant. En examinant le rapport des peines avec les différens objets qui composent l'état d'une Nation, je dirai pourquoi les peuples barbares n'ont connu que les peines pécuniaires ; je ferai voir la conformité de ce système pénal, avec le système politique des peuples qui sont encore dans l'état de barbarie.

dans

dans le plan d'une bonne Légiſlation. Les raiſons qu'elles donnent ſemblent très-fortes au premier coup-d'œil. En établiſſant des peines pécuniaires, diſent-elles, on annonce au méchant qu'il n'eſt obligé à autre choſe, qu'à proportionner ſa fortune à la perverſité de ſes deſſeins. Le frein politique, dans ce cas, n'a de force que pour l'homme pauvre ou avare. Le riche qui mépriſe l'argent, mépriſera les lois : la bourſe à la main, il volera vers le crime, ſans regret, ſans effroi. Au moment même qu'il outragera les lois, il ſaura appaiſer la juſtice, toujours docile à ſon exécrable volonté.

A cette raiſon on en ajoute une autre. Comment combiner l'impartialité de la loi avec la ſanction pécuniaire ? Dans l'enfance d'un peuple, tant que la première répartition des fonds ſoutient, par l'égalité des propriétés, l'égalité des richeſſes particulières, les peines pécuniaires peuvent être juſtes, parce qu'elles ſont également ſenſibles pour tous les individus de la ſociété. Mais cette première égalité détruite, peut-on les em-

ployer fans injuftice ? La même amende
fera, pour l'un, une peine trop forte ;
pour l'autre, une peine trop douce. La
rigueur de la loi variera avec la diverfité
des fortunes de ceux qui l'outrageront :
le même délit conduira une famille à la
mendicité, & laiffera l'autre dans fon
ancienne opulence. La même peine fera
donc à la fois tyrannique & foible,
féroce & impuiffante.

Enfin, à l'altération que la peine pécuniaire reçoit de l'inégalité des fortunes
privées, fe joint l'altération qui naît des
variations de la richeffe publique. L'opulence d'une Nation n'eft pas toujours la
même ; les Etats, comme les individus,
perdent les richeffes qu'ils ont acquifes ;
ils paffent de la mifère à la médiocrité,
de la médiocrité à l'opulence ; & retour-
nent de l'opulence à la médiocrité, de
la médiocrité à la mifère. La rigueur des
peines pécuniaires variera donc conti-
nuellement avec l'état de la richeffe publique. Ces peines feront, tantôt trop
fortes, tantôt trop foibles ; rarement elles

feront en proportion avec la richeffe nationale (1).

Telles font les objections que l'on peut élever contre les peines pécuniaires ; mais ces difficultés s'évanouiffent, dès que l'on détermine l'ufage qu'il faut faire de ces peines.

Voici les deux principes généraux qui doivent déterminer cet ufage.

1°. On ne doit prononcer des peines pécuniaires que contre les crimes qui naiffent directement de l'avidité de l'argent.

---

(1) On trouve dans le code des Lombards une preuve de cette vérité. Ce peuple, après avoir conquis l'Italie, paffa tout d'un coup de la pauvreté à la richeffe. L'ancienne valeur des peines pécuniaires ne fuffit plus pour empêcher les crimes. Rothaire, leur Roi, vit la caufe du mal, & fut forcé d'augmenter la quantité des amendes : il les proportionna aux nouvelles richeffes de fa Nation. ( Voyez le code des Lombards, liv. 1, tit. 7, §. 15.) Catherine II, Impératrice de Ruffie, a ordonné que la valeur des peines pécuniaires changeroit tous les trente ans ( Voyez le code Ruffe, art. 19, §. 443. ) Mais cela ne peut fervir qu'à éviter le dernier des trois inconvéniens dont je viens de parler.

2°. Ces peines pécuniaires doivent fixer, non la quantité de la somme, mais la portion qu'on enlevera à la fortune de l'accusé. Celui, par exemple, qui sera convaincu d'avoir commis tel crime, sera puni par la perte du tiers, du quart, ou du cinquième de ses biens.

C'est ainsi que devroit être exprimée la valeur de la peine. Cette disposition fait disparoître toutes les objections que l'on forme contre l'usage des peines pécuniaires.

Le premier principe répond à la première objection, & le second aux deux autres. On a dit que la peine pécuniaire n'arrêtera pas l'homme riche qui attache peu de prix à l'argent. Mais si cette peine n'est prononcée que contre les délits qui naissent de l'amour de l'argent, le riche, qui en fait peu de cas, n'a pas besoin du frein de la peine pour ne pas les commettre. La même raison qui lui fait mépriser la peine, l'éloigne du délit : si, au contraire, il est riche & avide en même temps, cette passion, qui l'excite à violer la loi , lui fera redouter la peine (1).

On a ajouté que les peines pécuniaires ne peuvent se concilier avec l'impartialité de la loi ; que l'inégalité nécessaire des richesses privées les rendra , dans le même temps , trop dures pour les uns , trop légères pour les autres ; enfin qu'elles feront rarement en proportion avec l'état de la richesse nationale.

Mais , je le demande , ces inconvéniens existeront-ils, si la peine pécuniaire est déterminée , non par la quantité de l'amende , mais par une portion de la fortune de l'accusé ? Si la loi dit, par exemple : la peine du stellionat sera la perte de la moitié de la fortune de l'accusé ; cette peine ne sera-t-elle pas la même pour l'homme très-riche , & pour celui

---

(1) Je ne veux pas dire que tous les crimes qui naissent de l'avidité de l'argent doivent être punis de cette espèce de peine ; car il en est dans ce nombre qui exigent , ou une peine plus forte , ou d'autres peines combinées avec celle-là : je dis seulement qu'on ne doit se servir des peines pécuniaires que contre les crimes qui ont pour cause l'amour de l'argent ; & c'est le principe général que j'ai voulu établir.

E 3

qui l'eſt moins? Ne ſera-t-elle pas conᵈ
forme à l'état de la plus grande richeſſe
d'une Nation, comme à celui de ſa plus
grande pauvreté?

Dans le ſyſtême judiciaire que nous
propoſons, il ſeroit facile de faire exécuter ce plan de peines pécuniaires. Les
Juges du fait, qui décideroient de la vérité de l'accuſation, indiqueroient l'état
de la fortune de l'accuſé : l'accuſateur
leur donneroit tous les renſeignemens
néceſſaires ; & alors les Juges du droit
détermineroient la quantité de la ſomme
que devroit payer l'accuſé, par la portion
de ſes biens indiquée par la loi.

En Angleterre, ce ſont les Jurés qui
fixent la valeur de l'amende : la loi ne
fait qu'établir la nature de la peine. La
grande Charte ( chapitre 14 ) créa cette
diſpoſition, pour prévenir les déſordres
qui naiſſoient de l'impoſſibilité de déterminer cette valeur ; elle preſcrivit encore
une règle générale, qui devoit reſtreindre
la volonté des Jurés ſur cet objet, ſans
faire ceſſer entièrement l'arbitraire ; elle
ordonna « que la peine pécuniaire ſeroit

proportionnée aux facultés & à la situation du coupable ; qu'elle ne seroit jamais assez forte pour obliger un Fermier d'abandonner son champ ; un Marchand ou un Négociant, de cesser son trafic; & un Laboureur, de vendre ses instrumens de culture ».

Cette loi qui empêche l'excès de la peine, laisse cependant aux Jurés le droit funeste de favoriser telle ou telle personne, en fixant, à leur gré, la proportion de la peine avec le crime, ou avec les facultés du coupable. Le plan que j'ai proposé n'entraîneroit point cet abus. La loi, déterminant la valeur de la peine par la portion une fois fixée de la fortune de l'accusé, ne donneroit pas aux Juges du fait le pouvoir de proportionner la quantité de l'amende à la nature du crime, & aux facultés du coupable. Les fonctions de ces Juges ne consistant qu'à exposer aux Juges du droit l'état des facultés de l'accusé, c'est-à-dire, qu'à établir un fait, ils ne pourroient jamais trahir impunément la vérité, puisque leur perversité ne resteroit pas secrète.

Les Juges du droit auroient encore moins de pouvoir arbitraire, puisque la loi leur indiqueroit, d'une manière certaine, la portion de biens que doit perdre le coupable.

Le Législateur n'auroit besoin que d'établir deux règles, pour rendre cette nouvelle méthode applicable à tous les cas. La première seroit de substituer une peine afflictive à une peine pécuniaire, dans tous les cas où les biens du coupable ne s'éleveroient pas à une certaine somme fixée par la loi (1). Si l'on n'établissoit pas cette règle, la peine d'un crime se réduiroit souvent à la perte d'une somme infiniment modique.

_____________________________________

(1) La loi devroit, par exemple, ordonner que toute personne qui n'a pas au moins la valeur de quatre cents ducats de biens disponibles, ne pourra être soumise à une peine pécuniaire; mais que s'il commet les délits contre lesquels est établie la peine pécuniaire, cette peine sera commuée en une peine afflictive. Un exemple montrera au lecteur de quelle manière la loi pourroit s'exprimer. « La peine du stellionat sera la perte de la moitié des biens du coupable, & de trois années de condamnation aux travaux publics, si la valeur de ses biens ne s'élève pas à la somme de quatre cents ducats au moins ».

Par la feconde règle, il feroit ftatué, que dans les cas où la prompte exécution de la peine produiroit la ruine totale du coupable, les Juges devroient lui accorder un délai déterminé d'après les circonftances où il fe trouve; & il feroit, par forme de compenfation, fufpendu de toutes les prérogatives de la cité, jufqu'à l'inftant où il auroit entièrement payé la fomme à laquelle il a été condamné.

Je trouve dans les lois d'Athènes un exemple de cette fage difpofition. Celui qui n'avoit pas payé l'amende à laquelle on l'avoit condamné, étoit exclus de l'exercice de tout emploi (1); il ne pouvoit parler au peuple (2); il étoit regardé par la loi comme infame (3). S'il

---

(1) *Ærarius Rempublicam ne gerito.* ( *Libanius argumento Androtianæ.* )

(2) *Ærarius orationem ad populum habuiffe convictus, ad undecimviros capitales abducitor.* ( *Dinarchus, in Ariftogitonem.* )

(3) *Ærarius donec mulctam irrogatam folverit, ignominiofus efto.* ( *Libanius, argument. orat. in Ariftogit.* )

mouroit avant d'avoir acquitté fa dette; fes enfans étoient foumis à la même peine, jufqu'au moment où ils payoient l'amende (1).

Tels font les principes généraux qui doivent déterminer l'ufage des peines pécuniaires. Nous ferons, dans le cours de ce Livre, l'application de ces principes. Expofons maintenant ceux qui font relatifs à la quatrième claffe des peines.

---

(1) *Si quis ærarius antequam mulctam folverit, obierit, liberi eam folvunto ; fecùs fi faxint, ignominiofi funto, donec folverint.* ( *Ulpianus,* Timocrat.)

# CHAPITRE IX.

*Des peines qui privent de la liberté personnelle,
ou qui en suspendent l'exercice.*

S I la justice, l'humanité, l'intérêt
public exigent que l'usage de la peine
de mort soit restreint à un très-petit
nombre de crimes; si les peines d'infamie
ne peuvent se multiplier sans perdre de
leur force; si elles ne doivent être établies que pour les délits infamans de leur
nature, & contre ces classes de la société
qui ont le sentiment de l'honneur; si les
peines pécuniaires ne doivent frapper que
sur une partie de ces crimes qui naissent de
l'amour de l'argent, & sur les individus
dont la fortune s'élève à une valeur déterminée par la loi; en un mot, s'il existe
encore un grand nombre de délits que
ne peuvent arrêter tous les obstacles dont
nous avons parlé, il faut donc chercher
de nouveaux moyens propres à égaler **la**
somme des peines à celle des délits.

Les peines qui privent de la liberté personnelle ou qui en suspendent l'exercice, peuvent, lorsqu'elles sont bien dirigées, remplir cet objet de la manière la plus utile. Soit qu'on les considère par rapport au prix que tous les hommes attachent au bien dont ils sont privés, ou relativement à la facilité qu'il y a de les proportionner aux délits par la diversité de leur durée, ou par la variété des moyens & de l'intensité ; soit qu'on les regarde comme des instrumens de sûreté, ou comme des moyens d'instruction & d'exemple, comme des peines ou comme des dédommagemens de tous les maux faits à la société ; en un mot, sous quelque aspect qu'on les considère, on sentira qu'elles sont relatives à toutes les classes de la société, & applicables aux crimes de diverse nature & de différens degrés ; qu'elles sont propres à corriger le coupable, par l'expérience des maux qui résultent du crime ; à délivrer la société de ses attentats, par la perte de sa liberté, ou pour un temps, lorsque le délit n'annonce pas un cœur perverti, ou pour toujours, lorsqu'il a infpiré à la fociété une défiance qui ne doit point avoir de terme. On verra qu'elles fe concilient avec l'intérêt de l'Etat, parce qu'en privant l'homme de fa liberté perfonnelle, on peut employer fes forces à des ouvrages d'utilité commune. La prifon, la condamnation aux travaux publics, le tranfport dans les Ifles ou dans les Colonies, pour un temps, ou pour toujours; l'exil d'un lieu déterminé : telles font les différentes efpèces de peines comprifes dans cette claffe. Je ne parle pas ici de l'exil de la patrie, parce que cette peine doit être mife dans la claffe de celles qui privent des droits de la cité, ou qui en fufpendent l'exercice.

Afin de déterminer avec exactitude l'ufage que l'on doit faire des différentes peines qui privent un homme de fa liberté perfonnelle, pour un temps, ou pour toujours, je parlerai d'abord de la prifon.

Les hommes marchent d'ordinaire vers le crime lentement & par degrés. La première mauvaife action eft rarement dictée par la perverſité du cœur ; c'eſt l'habitude des délits légers qui prépare l'ame aux plus horribles attentats.

L'art du Légiſlateur eſt d'arrêter l'homme, & de le faire reculer, pour ainſi dire, aux premiers pas qu'il fait dans la route du mal. Une peine légère, attachée à un délit léger, annonce au coupable la vigilance & la ſévérité des lois ; elle lui montre de loin tous les maux auxquels il s'expoſeroit en violant la juſtice ; elle rend à la ſociété un citoyen qui l'auroit un jour troublée par ſa ſcélérateſſe.

Mais dans quel cas & de quelle manière peut-on faire uſage de la peine de la priſon ?

Tous les délits, comme on a vu dans la première partie de ce Livre, ne méritent pas d'être punis par un jugement ſolennel ; toutes les peines ne doivent pas être infligées ſuivant les mêmes formes judiciaires. De légers délits, qui ne méritent que le nom de tranſgreſſions ; des peines, qui ne ſont que de ſimples corrections, n'exigent pas cette exactitude

de détails & de précautions de toute
espèce dont la loi s'environne, lorsqu'elle
a de grands crimes à punir. Elle doit, dans
ces délits passagers, se reposer sur le jugement d'un Magistrat qui ait toujours les
yeux ouverts sur cette portion de citoyens
confiés à sa vigilance. Si le décret de
ce Magistrat pouvoit être injuste une
fois, cette injustice, vu l'extrème douceur de la peine, seroit beaucoup moins
dangereuse que l'impunité qui accompa-
gneroit cette espèce de délits, s'il falloit
les juger avec tout l'appareil de l'instruction. Le Magistrat municipal de chaque
communauté, que nous avons proposé
d'établir sur le modèle des *Juges de paix*
d'Angleterre, connoîtroit de ces délits,
& les jugeroit *sommairement* (1).

-----

(1) Voy. le tom. 3, chap. 19, art. 15. Si l'on réfléchit
sur ce que j'ai dit à ce sujet, on trouvera que ce jugement
*sommaire* suffiroit pour arrêter l'injustice & l'erreur. Tout
ce qui est arbitraire est si étranger à mon plan, que je rou-
girois d'établir ou de justifier de tels principes, même pour
une peine aussi légère que celle-ci. J'ai toujours devant
les yeux ces réflexions de Cicéron sur la censure : *Primum
illud quæramus, utrum, quia censores subscripserint,
ea res... : quia ita fuerit, illi subscripserint. Videte*

C'eſt pour cette eſpèce de délits que les lois devroient réſerver la peine de la priſon. Par exemple, vingt, trente, quarante jours d'incarcération, preſcrits par la loi pour une rixe légère ſans effuſion de ſang, pour une injure entre gens d'égale condition, pour une déſobéiſſance aux ordres du Magiſtrat, contribueroient à maintenir le bon ordre dans l'Etat, à inſpirer, à rappeler le reſpect pour les lois, à arrêter les progrès de la corruption dans l'ame d'un citoyen qui, par l'impunité, ne tarderoit pas à devenir un ſcélérat. La peine de la priſon ne feroit donc qu'une ſimple peine de correction ; elle ne feroit pas de longue durée, afin de ne pas contrarier l'objet de ſon établiſſement.

---

*quid agatis, ne in unumquemque noſtrum cenſoribus in poſterum poteſtatem regiam permittatis ; ne ſubſcriptio cenſoria, non minus calamitatis civibus, quam illa acerbiſſima proſcriptio poſſit afferre ; ne cenſorium ſtylum, cujus mucronem multis remediis majores noſtri retuderunt, æqué poſt hac, atque illum dictatorium gladium pertimeſcamus. ( Cicer. pro Cluentio, 44. )*

**Sa**

Sa plus longue durée feroit de quatre mois. On fépareroit cette prifon de celles qui font deftinées à la garde des accufés (1).

On y emploieroit une partie du jour à des inftructions morales, propres à réveiller l'horreur pour le crime, & à en expofer les fuites funeftes : on y liroit enfuite le code pénal. Des hommes diftingués par leur probité & la douceur de leur caractère, feroient chargés de cet honorable & utile miniftère ; la préfence continuelle de l'un de ces inftituteurs préviendroit les défordres qui naiffent de la réunion des hommes, & du mélange de toutes les paffions; enfin l'expérience de la peine, l'exemple de l'honnêteté, des leçons combinées de Morale & de Légiflation, tout concour-

______

(1) Les Athéniens, au rapport de Platon ( *de legib. lib.* 10. ), avoient une prifon pour les peines, féparée de celle qui étoit deftinée aux accufés : ils avoient encore différentes efpèces de liens ou d'inftrumens, pour punir les abus de la liberté perfonnelle, pareils à ceux dont on fe fert dans les troupes pour la punition des délits contre la difcipline militaire.

*Tome IV.*                              F

roit alors à l'objet de la peine, & feroit naître les heureux effets que le Légiflateur peut en obtenir.

Je paffe rapidement fur ces objets, afin de ne pas ennuyer le lecteur par des détails fuperflus.

La condamnation aux travaux publics eft une peine qui procure à la fociété deux fortes d'avantages. Elle offre l'exemple des maux attachés au crime, & elle fait tourner au profit de la fociété les occupations de celui qui l'a offenfée.

Tandis que la pâleur de fon vifage, les chaînes dont il eft entouré, & tous les fignes honteux de la fervitude, atteftant hautement fon malheur & les terribles effets de fon crime, éloignent de fes traces une grande partie de ceux qui fe préparoient à les fuivre; fes bras vigoureux aident à conftruire des ports, à ouvrir des canaux, à élever des fortereffes, à réparer des édifices publics, à arracher du fein de la terre les tréfors que couvre fa furface, à lancer à la mer des vaiffeaux qui doivent protéger le commerce, à conduire des eaux dans des campagnes arides , à deſſécher des marais ; en un mot , à faciliter, par de grands ouvrages, les travaux de l'agriculture , des arts , du commerce , & à multiplier dans la ſociété les moyens de protection, de ſubſiſtance , & de bien-être. Voilà les avantages qui ſont liés à cette eſpèce de peine ; mais de quelle manière doit-on l'infliger ?

Une peine dont la durée peut être plus ou moins grande , ſe met d'elle-même facilement en proportion avec les délits de différens degrés ; mais ſi , à la diverſité de la durée, on joint encore la variété d'intenſité dont elle eſt ſuſceptible , alors cette facilité de proportion augmente , & le Légiſlateur peut y trouver un grand nombre de peines différentes pour différens délits. Je développe mon idée. La condamnation aux travaux publics peut être, par exemple , de trois, quatre, cinq, ſix ans , &c. : elle peut avoir pour objet un travail plus ou moins dangereux, plus ou moins pénible ; l'exploitation d'une mine, par exemple , ou l'arroſement d'un pré. On ſent aiſément

la différence qu'il y a entre une condamnation aux mines pour dix ans, & l'arro-
fement d'un pré pour une année. On
pourra donc, par la même efpèce de
peine, punir un délit confidérable, & un
délit léger.

La loi doit donc déterminer la durée
& l'objet de la peine. Voilà le principe
fondamental de la condamnation aux travaux publics. Dans la plupart des Etats de
l'Europe, c'eft le Juge qui fixe d'ordinaire
le premier de ces objets : le conducteur détermine le fecond. Deux années de plus ou
de moins d'efclavage, un travail plus ou
moins dangereux, plus ou moins pénible,
ne font pas des chofes affez indifférentes,
pour qu'on puiffe les abandonner à la volonté arbitraire d'un Juge, ou à l'efprit de
vénalité d'un conducteur. La liberté civile
exige que tout foit déterminé par la loi,
& que la durée comme l'objet de la peine
dépendent de fa fanction expreffe & lit-
térale. Voilà comment l'on peut multiplier les moyens de punition, & faciliter
leur proportion avec les crimes.

L'exil d'un lieu déterminé, le tranfport

dans les Isles ou dans les Colonies sont,
comme je l'ai dit, les autres peines comprises dans cette quatrième classe.

Il est des délits que l'on peut pour
ainsi dire appeler locaux ; ce sont ceux
qui naissent, non de la dépravation du
cœur, mais des habitudes formées avec
différentes personnes, & dans certains
lieux. Dans les cas de cette espèce,
l'exil est en même temps une peine proportionnée au délit, & un moyen d'en
prévenir de nouveaux, que des occasions
toujours présentes feroient commettre.
Cette peine peut encore s'appliquer à
deux affections de l'ame absolument contraires, la haîne & l'amour : la haîne,
qui suppose l'habitude de courir en tous
lieux après son ennemi, pour l'insulter ;
l'amour, qui suppose l'habitude de pour-
suivre sans cesse l'objet de ses désirs,
pour le séduire. Ces deux passions fer-
mentent & se déployent avec une égale
impétuosité. Toutes les fois que la tranquillité ou la sûreté d'un citoyen est ex-
posée aux outrages ou aux desseins pervers
d'un ennemi, il faut donc que le citoyen

ait le droit de demander l'exil de son agresseur, & que la loi le lui accorde. Ce droit doit encore appartenir au mari contre le corrupteur de sa femme, & au père contre le séducteur de sa fille. Cette espèce d'exil d'un certain lieu, dont la durée est fixée par la loi, servira, dans ces circonstances, à punir les attentats du coupable, & à arrêter les progrès d'un mal qui pourroit le conduire à de plus grands crimes, & à des peines plus fortes. Le sage Législateur punit avec exactitude tous les petits délits, afin de prévenir les grands forfaits ; le tyran néglige les uns, afin d'entraîner vers les autres, qu'il punira par des supplices horribles. Le premier s'occupe de l'intérêt de la société & de celui du coupable ; le second nuit à tous les deux à la fois. L'un est juste, parce qu'il est humain ; l'autre est humain, parce qu'il est féroce. Celui-là détruit le germe du mal ; celui-ci en excite le développement, parce qu'il se prépare le plaisir de l'étouffer, lorsqu'il aura corrompu tout ce qui l'environne. Voilà le père du peuple, & voici le Despote.

Quant à la peine du tranſport dans des Iſles preſque inhabitéés, je ne ferai que deux réflexions, pour montrer combien on devroit en reſtreindre l'uſage. Cette eſpèce de peine, faiſant oublier l'exiſtence du coupable, ne peut entretenir dans l'eſprit des hommes l'idée des dangers que le crime entraîne à ſa ſuite. Celui qui ſouffre cette peine, au lieu de réparer, par ſon travail, une partie des maux qu'il a faits à la ſociété, lui devient à charge, puiſqu'il doit être nourri par elle. Cette peine ne doit donc être appliquée qu'à des crimes qui ne ſont pas aſſez atroces pour mériter la mort, mais qui ſont aſſez graves pour faire ſéparer le coupable de la ſociété, dont il trouble le bon ordre. Il n'en eſt pas de même du tranſport dans les Colonies.

Les peuples qui poſsèdent des pays dont la population ne ſuffit pas pour animer leur agriculture & leur commerce, & étendre ou ſoutenir leur induſtrie, ont un moyen de plus que les autres pour punir certains délits, & faire ſervir les perturbateurs de la ſociété à

l'accroiſſement de la richeſſe publique.
Quand l'expérience de toute l'antiquité ,
& ſur-tout les exemples d'un grand nombre de Colonies de la Grèce, ne nous
atteſteroient pas que le rebut d'une Nation peut devenir une excellente ſociété
politique ; quand l'Hiſtoire de nos temps
modernes ne nous offriroit pas un pareil
ſpectacle , la raiſon ſeule nous feroit
ſentir qu'il eſt poſſible de faire d'un mal-
honnête homme , un homme de bien ,
en l'éloignant du théâtre de ſes crimes ,
de ſon infamie , & de ſa condamnation.

Pour peu que l'on réfléchiſſe ſur le
caractère général des hommes , on verra
que ſi la conſcience d'une bonne réputation élève l'ame , la ſoutient , & la prépare chaque jour à de nouveaux actes de
juſtice & de vertu , la conſcience d'une
mauvaiſe réputation la flétrit , la dégrade , & éteint juſqu'au dernier ſentiment
d'honnêteté. Environné de tous les té-
moins de ſes crimes , devenu l'objet de
leur crainte ou de leur exécration , convaincu de l'impoſſibilité de regagner leur
eſtime & leur confiance , un coupable

se voit privé pour toujours ou pour long-temps des plus douces récompenses de la probité. Un nouveau ciel, une terre nouvelle peuvent détruire en lui cette idée funeste. Transporté d'un pays où il est abhorré, dans des lieux où il croit pouvoir inspirer quelque intérêt pour sa personne, son cœur s'ouvre d'avance à toutes les jouissances d'une nouvelle opinion publique, que l'éloignement des lieux & une nouvelle espèce de concitoyens lui permettront de mériter.

Une société naissante offre, avec peu de devoirs à remplir, un petit nombre de besoins, & une grande facilité de les satisfaire. Ces circonstances, jointes à la nécessité de travailler, & à la certitude de recueillir de grands profits de son travail, concourent à maintenir dans l'observation des lois l'homme condamné au transport dans les Colonies.

Tel est le premier avantage qui naît de cette peine, lorsqu'elle est bien dirigée. Le second est l'utilité qu'en retire le corps social; il acquiert un citoyen laborieux, & participe aux profits de son

induſtrie. Le troiſième eſt la proportion
de cette peine avec les différens délits,
& ſur-tout avec la plupart de ceux qui
ne ſuppoſent pas un cœur dépravé & en-
durci dans le crime. Je ne puis en indiquer l'uſage avec plus de préciſion, parce
que la valeur de cette peine, dépendant
du ſol, du climat, & d'une foule d'autres circonſtances locales qui la rendent
plus ou moins rigoureuſe, n'eſt pas ſuſceptible de principes généraux. Je ne
voulois qu'en démontrer les avantages.
Maintenant portons nos regards ſur la
dernière claſſe des peines.

## CHAPITRE X.

*Des peines qui privent des droits de la cité,*
*ou qui en ſuſpendent l'exercice.*

LES prérogatives de la cité offrent au
Légiſlateur de nouveaux moyens de
peine, c'eſt-à-dire, de nouveaux obſta-
cles plus ou moins puiſſans à oppoſer aux
crimes. Les droits à la vie, à l'honneur,

à la propriété réelle, à la propriété perfonnelle, font communs au citoyen & à
l'étranger, & peuvent devenir, foit contre
l'un, foit contre l'autre, les objets de la
fanction pénale. Mais les peines dont
nous parlons dans ce chapitre ne font
applicables qu'aux membres de la fociété,
aux citoyens coupables.

Dans tous les Etats, excepté fous le
Defpotifme, où les droits de tous deviennent les droits d'un feul, ou fous l'Oli-
garchie, où les droits de tous deviennent
les droits d'un petit nombre; dans tous
les Etats, quelles que foient leur conftitution & la nature de leur Gouvernement, le citoyen acquiert, en naiffant,
des prérogatives que fes crimes feuls
peuvent lui faire perdre. Il à plus ou
moins d'influence dans le Gouvernement
ou dans l'exercice de l'autorité; il peut
prétendre, ou à des places de magiftrature, ou à des emplois qui exigent la
confiance des lois; enfin par-tout il jouit
du droit précieux de vivre dans la fociété
dont il eft membre, de refpirer fous
le ciel qui l'a vu naître, d'obéir aux

lois qui ont protégé son enfance. Telles
sont les prérogatives de la cité ; tels sont
les objets des peines comprises dans cette
classe.

Pour déterminer par un principe général l'emploi de ces peines, dont la
valeur, soit absolue, soit relative, varie
à l'infini avec les circonstances politiques
des peuples, on peut dire que puisque
l'un des principaux soins du Législateur,
en fixant la sanction pénale, est de proportionner, autant qu'il est possible, la
nature de la peine à la nature du délit,
& de faire en sorte que la même affection
de l'ame qui pourroit exciter l'homme à
violer la loi, l'engage toujours à l'obser-
ver ; il est évident que les peines qui privent des prérogatives de la cité, ou qui
en suspendent l'exercice, peuvent être
utilement employées contre les délits qui
naissent de l'abus de ces prérogatives.
Que le citoyen, par exemple, convaincu
d'avoir brigué une place, en soit exclus
pour toujours : plus les prérogatives de
cette place seront importantes, plus elle
fixera les désirs ; & par conséquent, plus

Il sera dangereux de briguer pour l'obtenir, plus la peine d'exclusion sera effrayante.

Que le Magistrat qui s'est efforcé de reculer les bornes de sa juridiction, soit privé pour toujours de cette magistrature ; que celui qui en a abusé, subisse, outre cette peine, celle qui est attachée à l'espèce d'abus dont il s'est rendu coupable : l'amour du pouvoir servira de frein à l'abus du pouvoir, l'ambition sera réprimée par l'ambition même (1). Que le citoyen, convaincu d'avoir vendu son suffrage dans les délibérations publiques, soit puni tout à la fois, & de la peine pécuniaire établie par la loi contre les crimes qui naissent de l'avidité de l'argent, & par l'exclusion perpétuelle des assemblées publiques.

Enfin que celui qui a été puni d'une peine d'infamie, soit regardé comme mort civilement ; qu'il soit privé de

_________________

(1) La loi *Aquilia* déclara, à Rome, l'ambitieux incapable de toute magistrature. Voyez Dion-Cassius, *Histor. lib.* 36.

toutes ces prérogatives que pourroit luî donner l'influence dans le Gouvernement, ou l'autorité fur fes concitoyens ; qu'il foit exclus de toutes les fonctions civiles attachées à l'état de citoyen, à la confiance des lois.

Mais que dirons-nous de l'exil de la patrie ? Cette peine eft quelquefois trop forte d'elle - même, pour qu'on puiffe l'employer avec modération ; d'autres fois elle eft trop foible & trop dangereufe pour la faire entrer dans le code pénal. Dans les gouvernemens où le citoyen exerce une partie de la fouveraineté, cet exil eft une peine capitale, qui ne doit être établie que contre les délits importans : c'eft ainfi qu'on en fit ufage à Rome pendant la liberté de la République. La loi cependant n'ofoit pas la prononcer d'une manière directe ; elle recouroit à une circonlocution qui en atteftoit l'effet, fans l'idiquer expreffément. On défendoit au coupable l'ufage de l'eau & du feu ; on lui laiffoit ainfi le choix, de la mort naturelle ou de la mort civile, de la perte de la vie ou de la patrie, &

on le déterminoit à l'exil, fans le lui ordonner littéralement (1). Mais il y a une très-grande différence, quant aux effets, entre l'exil d'un Romain dans les beaux jours de la République, & celui d'un citoyen dans nos Gouvernemens modernes.

Le citoyen repréfentoit à Rome une partie de la fouveraineté, & la fouveraineté de Rome étoit celle de prefque toute la terre. Profcrire le citoyen du fiège de fon empire, c'étoit le dépouiller des titres de fon autorité, c'étoit détrôner un Roi.

L'exiftence politique étoit auffi pré-

_______

(1) *Exilium*, dit Cicéron ( *orat. pro Cæcinâ* ), *non eft fupplicium, fed perfugium, portufque fupplicii; nam qui volunt pænam aliquam fubterfugere aut calamitatem, eò folum vertunt, hoc eft, locum ac fedem mutant. Itaque nullâ in lege noftrâ reperietur, ut apud cæteras civitates maleficium ullum exilio effe mulctatum. Sed quum homines vincula, neces, ignominiafque vitant, quæ funt legibus conftitutæ, confugiunt quafi ad aram in exilium; qui fi in civitate legis vim fubire vellent, non prius civitatem quam vitam amitterent.*

cieuse à un Romain que l'exiftence phyfique; & s'il préféroit la perte de la patrie
à la mort, lorfque, privé de l'ufage de
l'eau & du feu, il s'exiloit de lui-même,
c'étoit, non par un amour exclufif pour
la vie, mais par la néceffité de choifir
entre la perte de deux biens, ou celle
d'un feul (1). Rome put donc, tant
qu'elle jouit de fa liberté, infliger à un
de fes citoyens une peine terrible, fans
élever des gibets ou teindre fes faifceaux
de fang (2).

Mais la même inftitution pourroit-elle
avoir lieu dans une autre forme de Gouvernement, dans le Gouvernement d'un

---

(1) *Paulus V, fentent.* 26, §. *& qui eum.*

(2) C'eft par le même principe, qu'à Athènes on
laiffoit au coupable la liberté de prendre la fuite après
la première harangue qu'il avoit faite pour fa défenfe:
cet exil volontaire étoit, aux yeux de la loi, une peine
auffi forte que celle qu'il eût fubie après le jugement:
l'exil étoit alors confirmé par l'autorité publique, &
le coupable ne pouvoit plus revenir dans la patrie. Cet
ufage n'exiftoit que pour les citoyens, & cela juftifie
notre réflexion. Voyez Démofthène, *in Ariftocrat.;*
& Pollux, *lib.* 8.

feul

feul, par exemple ? Exifta-t-elle à Rome
fous la domination des Céfars, après la
perte de la liberté publique (1)? Si l'exercice de la fouveraineté eft entre les mains
d'un feul; fi le droit de cité n'eft qu'un
titre de dépendance; fi le citoyen exilé
de fa patrie n'eft profcrit, ni des affemblées de la Nation, ni du Sénat, cette
peine imprimera-t-elle l'effroi qu'excitoit
dans l'ame du Romain libre, l'interdiction
de l'eau & du feu? Sera-t-elle proportionnée aux délits énormes, contre lef-

_______________

(1) La loi *Porcia* ne fut pas, il eft vrai, expreffément
abrogée après la perte de la liberté, parce qu'on vouloit
en conferver l'apparence; mais on éluda la force de
cette loi, par l'efclavage de la peine. En vertu de cette
fiction de droit, un citoyen qui avoit commis un
délit énorme, étoit regardé comme efclave; & en
cette qualité, on le faifoit mourir. Paul, dans la loi
6. *ff. de injuft. rupt. irrit. fact. teftam.* dit : *Si quis
fuerit capite damnatus, vel ad beftias, vel ad gladium, vel aliam pœnam, quæ vitam adimit, tefta-
mentum ejus irritum fiet, non tunc quum confumptus
eft, fed quum fententiam paffus eft; nam fervus pœnæ
efficitur.* Voyez encore les lois 3, 12, 29, *ff. de pœnis,
leg. ult, cod. de emancipat. liberor.*, où il s'agit de
cet efclavage de la peine.

*Tome IV.*                    G

quels on l'avoit établie à Rome ? Ne devroit-elle pas plutôt être réservée pour de légers délits ; & dans ce cas, ne vaudroit-il pas mieux la proscrire entièrement du code pénal ? Une peine qui, pour un délit peu important, prive l'Etat d'un homme dont les travaux pourroient lui être utiles, n'est-elle pas très-dangereuse, & ne conviendroit-il pas d'y substituer une autre peine qui pût produire le même effet, sans causer le même mal ?

Ces réflexions, que je me contente d'indiquer, suffiront, je l'espère, pour montrer que la peine de l'exil de la patrie (1) ne doit pas entrer dans le code criminel d'une Monarchie. Dans l'Aristocratie, elle ne peut être infligée qu'au seul corps des Grands ; & ce n'est que dans la Démocratie qu'on peut y soumettre tous les citoyens. J'approfondirai

---

(1) Par le mot d'exil de la patrie, je n'entends pas l'exil d'un certain lieu : l'exil de la patrie est l'exil de l'Etat ; l'exil d'un certain lieu est l'exil d'un pays. J'ai indiqué dans le chapitre précédent l'usage qu'on pouvoit faire de cette dernière espèce d'exil.

ces queſtions dans le cours de cet Ou‑
vrage : ce que j'en ai dit ſuffit pour pré‑
parer le lecteur à l'examen du rapport
que les peines doivent avoir avec les
différens objets qui conſtituent ce que
l'on appelle *l'état d'une Nation;* & pour
voir comment les principes de la *bonté
relative* des lois, que j'ai expoſés dans le
premier livre, doivent être appliqués au
code pénal. Tel eſt l'objet des deux
chapitres ſuivans.

## CHAPITRE XI.

*Du rapport des peines avec les différens
objets qui conſtituent l'état d'une Nation.*

APRÈS avoir développé les principes
qui peuvent déterminer l'emploi des
peines, il faut, pour généraliſer nos
idées & en faciliter l'application aux
Nations les plus différentes, examiner
l'influence que doivent avoir ſur le ſyſ‑
tême pénal les circonſtances politiques,
phyſiques, & morales des peuples; &

établir de cette manière les fondemens de la grande théorie du rapport des peines, avec les différens objets qui conſtituent *l'état d'une Nation.*

Afin de procéder avec l'ordre qu'exige un ſujet ſi difficile, il faut d'abord examiner les principes du ſyſtême pénal le plus propre à une ſociété qui commence ; il faut que, dirigeant mes idées ſelon la marche de cette ſociété, je puiſſe faire voir comment le ſyſtême pénal doit ſe développer & ſe perfectionner à meſure que le corps ſocial acquiert de la force & des lumières. (1). On ſentira après cet examen, que l'ignorance ſeule de ces rapports a fait élever quelques Ecrivains politiques contre le ſyſtême des codes criminels des Nations barbares, codes qui, malgré tant de frivoles déclamations, offriront toujours à un Obſervateur philoſophe ces rapports qu'on ne retrouve plus dans les nôtres, & cette bonté relative des lois, dont nous ſommes encore très-éloignés. J'examinerai enſuite les prin-

-----

(1) Voyez le chap. 18 du liv. 1.

cipes qui naiſſent du rapport des peines, avec les autres objets qui conſtituent l'état des Nations déjà parvenues au période de la perfection ; enfin je m'arrê-terai ſur l'influence que les diverſes cir-conſtances politiques, phyſiques, & morales des peuples, doivent avoir ſur le ſyſtême pénal, & je développerai la théorie des lois relative à cette in-fluence.

Le ſujet eſt vaſte, il tient à l'hiſtoire de tous les lieux & de tous les ſiècles ; mais je n'en offrirai que les parties les plus importantes. Quelques perſonnes trouveront peut-être trop de hardieſſe dans mes vues générales ſur les rapports du ſyſtême pénal, avec l'enfance & le développement de la ſociété ; d'autres les regarderont comme étrangères à l'objet principal de ce Livre. Mais le lecteur qui voit le ſyſtême entier de mes idées, & qui ſe rappelle *l'univerſalité* de mon ſujet (1), ne me fera pas ces reproches ;

______

(1) Je trace la Science de la Légiſlation pour tous les peuples & pour tous les temps. Rappelons-nous le

G 3

il regardera du moins cette partie de mon ouvrage comme le réfultat utile d'une méditation profonde & d'une lecture immenfe.

Toutes les Nations policées ont commencé par l'état fauvage; & tous les peuples fauvages, abandonnés à leur inftinct naturel, doivent arriver un jour au dernier degré de la civilifation (1). La famille eft la première fociété, & le premier Gouvernement eft le Gouvernement patriarchal, fondé fur l'amour, l'obéiffance, & le refpect. La famille s'étend, fe multiplie, & fe partage : plufieurs familles voifines forment une tribu, une

---

principe établi par Ariftote : *Scientia debet effe de univerfalibus & æternis.*

(1) Voyez le chapitre 1 du premier livre de cet Ouvrage, où j'ai expofé les motifs de la fociabilité. Je me fuis contenté de faire obferver les extrêmes, c'eft-à-dire, le paffage de l'état d'indépendance naturelle, à l'état de dépendance civile; parce qu'il n'étoit pas alors de mon fujet d'indiquer les efpaces intermédiaires que les hommes ont dû parcourir avant d'arriver à ce dernier état. Je vais maintenant développer ces idées, qui tiennent à l'objet dont il s'agit ici.

horde, une société purement naturelle. Leurs chefs vivent entre eux comme les Nations (1).

Le droit appelé *jus majorum gentium*, ou de *violence privée* (2), est le seul droit, si l'on peut s'exprimer ainsi, qui, dans la société primitive, existe entre les chefs de ces familles. La force met en possession du territoire, en fixe les limites, en

---

(1) Tel étoit Polyphème parmi les Cyclopes d'Homère, au rapport de Platon, qui voit l'origine des Dynasties dans le Gouvernement de la famille. ( *Plato. de legib. lib. 2.* ) Tels étoient les Patriarches de l'Histoire sainte. Souverains indépendans au milieu de leur famille, ils exerçoient un empire monarchique sur les personnes comme sur les biens de leurs enfans, qui, par cette raison, sont appelés par Aristote ( *Polit. lib. 1.* ), *Animata instrumenta parentium*, & compris dans les Tables des Décemvirs sous le nom *rei suæ*, comme on le voit dans ce fragment connu : *Uti pater familias super pecuniâ tutelâve rei suæ legassit, ita jus esto.* Le droit de vie & de mort ( *jus vitæ & necis* ), conservé, par les lois des douze Tables, aux pères de famille, & le droit de-pécule qui subsiste encore, sont des suites de ce pouvoir originaire.

(2) Voyez dans la note qui se trouve à la fin de ce chapitre, le développement de cette idée : je n'aurois pu le placer ici sans embarrasser l'esprit du lecteur.

G 4

défend la propriété : c'eft à elle qu'appartient la protection des biens, des perfonnes, de tous les droits naturels. La Jurifprudence de *formules*, introduite dans la fociété civile, n'eft que le fymbole, l'image de ce qui fe pratiquoit dans cet état de chofes, & de ce qui fe pratique encore chez les peuples placés dans les mêmes circonftances. Ce qui n'eft plus aujourd'hui que nom, formule, figne, exprimoit alors des actes réels (1). Les

---

(1) C'eft pour cela peut-être que Juftinien les appeloit *Juris antiqui fabulas* ; & en effet, le *Jus quiritium* des Romains, comme le prouve le célèbre *Vico*, ne renfermoit que les fymboles de ce qui fe pratiquoit dans l'ancien état d'indépendance naturelle. Je vais me fervir de fes propres expreffions : « *Homines exleges quidque fuâ manu capiebant, ufu capiebant, vi tuebantur; fuum ufum, feu poffeffionem rapiebant, & fic vi fuâ reciperabant Unde erant mancipia res vere manu captæ, nexi debitores vere obligati; vere mancipationes, ufucapiones, vindicationes, ufurpationes, feu ufus, five poffeffiones, raptiones; uti uxores ufurariæ, quæ in poffeffione erant, non in poteftate virorum, trinoctium ufurpabant, hoc eft, tres perpetuas noctes ufum fui rapiebant viris, ne in eorumdem manum, feu poteftatem anni ufucapione tranfirent. Judicia duella erant,*

chefs de ces familles terminoient leurs querelles les armes à la main : l'issue du

---

*sive singularia certamina inter duos æquales , quia tertius non erat judex superior , qui controversias vi adempta dirimeret.* Vindicationes *per veram manuum confertionem* ( manus *enim* conferere *pugnare est* ), *peragebantur ; & vindiciæ erant res vere per vim servatæ. Actiones autem personales erant vere conditiones...... Per veras autem* conditiones *creditores cum debitoribus, qui aut inficiarentur debitum, aut cessarent, obtorto collo tractis suam* condibant, *seu* simul ibant *domum, ut ibi operis sui* nervo nexi *debita* exolverent, *&c...... Hoc jus majorum gentium, primi rerum publicarum fundatores in quibusdam* imitationes violentiæ *commutarunt ; ut* mancipatio, *quâ omnes ferme* actus legitimi *transfiguntur, liberali nexus traditione* ( c'étoit un nœud symbolique qu'on donnoit à quelqu'un pour exprimer la *tradition civile* ). Usucapio *non corporis adhæsione perpetuâ, sed possessione principio quidem corpore quæsita , deindè solo animo conservata ;* usurpatio *non usus rapina quadam, sed modestâ appellatione, quam vulgo nunc* citationem *dicunt,* obligatio *non ultra corporum nexu sed certo verborum ligamine,* vindicatio *per simulatam manuum confertionem, & vim quam Gellius* appellat festucariam. ( C'étoit une motte de terre que l'on présentoit au Juge, avec la formule de *revendication. Aio hunc fundum meum esse ex jure quiritium.* Tant que le droit appelé *jus arcanum* subsista, on

combat formoit la décifion. Juger &
combattre étoient pour eux la même
chofe (1) : ils défendoient eux-mêmes leurs
droits, & vengeoient leurs injures.

La *Clientelle* naquit de cet ordre de
chofes. Tous les hommes n'ont pas la
force, ou, ce qui eft la même chofe, la

---

exprima cette formule par les feules lettres initiales. )
*Tandem, ut alia omittam*, conditio, *five actio per-
fonalis non itione creditoris cum debitore, vel cum
re debitâ, vel cum re aliâ, fed folâ* denunciatione *pe-
ragerentur.* ( *Undè* conditiones *pofteà dictæ funt* con-
dictiones, *quia denunciare Prifci dicebant* condicere. )» 
J'ai pris la liberté de réunir ici plufieurs morceaux
des trois ouvrages de ce profond Ecrivain, afin
d'établir une vérité qui ne me paroît pas très-connue. Le
premier de ces ouvrages a pour titre : *De uno univerfi
juris principio & fine uno, liber unus* ( *cap.* 100,
*cap.* 124, *& cap.* 135 ). Le fecond : *De conftantiâ
Jurifprudentis* ( *part.* 2, *cap.* 3 ). Le troifième :
*Scienza nuova* ( *lib.* 4, *pag.* 432, 439 ; *& pag.* 480,
489 de la troifième édition de Naples ).

(1) L'étymologie même du mot l'indique. κρινειν,
Chez les Grecs, fignifioit combattre & juger. *Decernere*, chez les Latins, étoit la même chofe que *cæde
definire ;* voilà pourquoi on difoit *decernere armis.* Le
même mot s'appliqua aux jugemens, qui n'étoient d'abord
que des combats.

Vertu (1) nécessaire pour se défendre eux-mêmes. Les plus foibles cherchent l'appui des plus forts, leur cèdent une portion de leur indépendance naturelle; & ceux-ci leur offrent, en échange, la protection de leurs droits, & des moyens de subsistance. Tels étoient les serviteurs des héros d'Homère (2), les cliens des Romains dans les temps héroïques (3), les *ambactes* des Gaulois (4), & les hom-

______

(1) Voyez la note 1 de la pag. 178, tom. 3.

(2) Il les nomme δρηστρες. Voyez l'Odyssée 16, vers 248, & dans plusieurs autres endroits. Les Grecs se servoient du mot δουλος pour désigner les serviteurs esclaves, c'est-à-dire, ceux qu'on avoit eus par la conquête : δρησυρ ou δρησηρ étoit le foible qui cherchoit un asile auprès du plus fort, pour se soustraire aux dangers de sa situation.

(3) Voyez Vico, *Scienza nuova*, *lib.* 1, *pag.* 65, 66; ibid. *pag.* 95, 96; *Dignità* 70 & *Dignità* 79; & son autre ouvrage intitulé *de universi Juris principio uno & fine uno*, *cap.* 104, où il montre, avec beaucoup d'érudition, quelle fut l'origine de la clientelle des Romains. Plusieurs autres passages de son livre justifient encore son opinion.

(4) *Cæsar. comment. lib.* 6, *de Bello Gallico*, *cap.* 15.

mes ou vaſſaux ruſtiques des temps héroïques plus voiſins de nous (1).

Dans cet état, l'indépendance naturelle entre les chefs de la famille ſe
conſerve encore tout entière ; ils ſont
parfaitement égaux, & ſe regardent
comme tels.

Bientôt l'on ſent le beſoin de ſe défendre contre une tribu voiſine, ou peut-
être l'ambition de la ſoumettre vient
s'emparer tout d'un coup d'un des chefs
de ces familles : il engage les autres à le
ſuivre dans ſon expédition. Tous, ou du
moins la plupart d'entre eux, ſe rendent

_______________

(1) Nous voyons, dans les règnes héroïques de la
Grèce, les gens du peuple appelés du nom d'*Hommes*, à la différence des nobles, qu'on nommoit *Dieux*
ou fils des Dieux. Homère en offre pluſieurs exemples.
C'eſt une des preuves innombrables qui atteſtent que les
mêmes idées reviennent avec les mêmes circonſtances.
*Vico* montre que ces *hommes*, ou ſerviteurs ruſtiques
des derniers temps héroïques, reſſembloient exactement,
dans leur origine, aux premiers cliens des Romains.
Voyez la *Scienza nuova*, *lib.* 4, *pag.* 465, juſqu'à la
page 510 ; & l'autre ouvrage cité *de uno univerſi*, *&c.*,
*cap.* 129.

auprès de lui : chacun , suivi de ses
cliens, accompagne le chef principal (1).
Si le succès de la guerre est le même
pour les deux partis, les choses restent
dans le même état ; mais si l'une des
tribus soumet l'autre, comme cela doit
arriver après un certain temps, alors le
vaincu devient l'esclave du vainqueur;
tous les individus de la tribu subjuguée,
avec leurs biens de toute espèce, sont
partagés entre les vainqueurs ; la contrée
est gouvernée par un chef, par ses com-
pagnons, & par les soldats qui, tous
ensemble, représentent la partie libre de
la Nation; tandis que le reste des habitans est dévoué aux humiliations & aux
cruautés de la servitude. Le chef est le
Général qui a conduit l'expédition , ses
compagnons font les Nobles ou chefs de
familles qui l'ont suivi, les soldats font
leurs cliens. Une partie du territoire &
des biens des vaincus est assignée au Général ; l'autre se partage également entre

_______________

(1) C'est ce qu'atteste l'histoire de toutes les Nations,
dans les circonstances dont nous parlons.

ſes compagnons , & ceux-ci ſubdiviſent leur portion entre leurs cliens.

C'eſt là que commence l'état de *bar-barie* , d'où la ſociété civile doit ſortir un jour. L'inégalité de biens entre les trois claſſes qui compoſent la partie libre de la Nation , & l'habitude de la ſubor-dination militaire , détruiſent une petite portion de l'indépendance naturelle ; mais elles laiſſent ſubſiſter l'autre dans toute ſon étendue.

Le Général , ou le Roi , ſi l'on veut , eſt plus puiſſant que chacun de ſes com-pagnons ; mais ils ſont , enſemble , beau-coup plus puiſſans que lui. Chacun d'eux , par la même raiſon , eſt plus fort qu'aucun de ſes cliens ; mais , en maſſe , ceux-ci ſont plus forts que lui. Cette inégalité réciproque de force & de foibleſſe con-ſerve dans un tel état cette grande partie d'indépendance naturelle dont j'ai parlé. En ne l'obſervant ici que ſous le point de vue qui eſt relatif à notre objet , on la voit ſe manifeſter tout entière dans le ſyſtême pénal.

Un Sénat foible & tumultueux , compoſé des Nobles & du Roi, exerce une très-petite partie du pouvoir légiſlatif; mais le pouvoir exécutif, & ſur-tout l'exercice du droit de punir, ou de la vengeance perſonnelle, doivent reſter long-temps entre les mains des individus. Cet état eſt trop voiſin de l'état d'indépendance naturelle, pour déterminer la ceſſion d'un droit ſi précieux. Cette partie du droit *de violence privée* doit encore exiſter, & il ne peut être détruit qu'inſenſiblement. Il faut donc commencer par quelques modifications. Tout ſe réduit d'abord à établir les formalités ſuivant leſquelles il doit être exercé (1);

---

(1) C'eſt par ces formalités que l'on doit prévenir, autant qu'il eſt poſſible, tout abus dans l'exercice de ce droit. Je laiſſe au lecteur le ſoin d'appliquer cette théorie aux faits qui atteſtent que tout ce que j'ai indiqué à cet égard eſt préciſément ce qui a été pratiqué par des peuples placés dans ces circonſtances. Je crois que le mot *quiritare* des Romains, appliqué, dans des temps de civiliſation, à des actions judiciaires, étoit deſtiné, dans les premiers temps, dans ce période de barbarie dont je parle, à exprimer une de ces formalités. L'offenſé, avant de ſe livrer à ſa vengeance, devoit *quiritare*,

mais la vengeance continue à être le feul motif & le feul objet de la peine. Le corps de la fociété ne s'intéreffe nullement à des attentats individuels.

« Dans un tel ordre de chofes, dit Ariftote, il ne peut y avoir de lois pénales pour punir les injures & protéger les droits particuliers (1) »; & c'eft

---

c'eft-à-dire, annoncer aux Patriciens, qu'on appeloit *Quirites*, l'offenfe qu'il avoit reçue, & la vengeance qu'il fe propofoit d'en tirer.

Homère parle d'une femblable formalité établie chez les peuples d'Ithaque, qui, d'après la defcription qu'il en fait, étoient précifément au degré de barbarie dont on parle ici. Télémaque, offenfé des brigandages que les Nobles exerçoient dans fes troupeaux, les affemble; & après leur avoir rappelé les injures qu'il a reçues d'eux, après avoir imploré l'affiftance des Dieux, il leur dit : *Impuné deinde intrà domum vos occidam.* ( Odyff. 11, vers 145. )

(1) *Ariftot. de Republ. lib.* 3. Il doit s'écouler un long efpace de temps avant que le corps focial s'intéreffe aux offenfes particulières. La mort de la fœur des Horaces, fous Tullus-Hoftilius, fut, dans l'Hiftoire romaine, le premier exemple d'un attentat particulier pourfuivi par l'autorité publique. Nous voyons dans

l'inexiftence

l'inexiftence de cette efpèce de lois qui a engagé les Poëtes & les Hiftoriens à appeler cet âge , temps d'innocence, fiècle d'or. Ils ont cru qu'il n'y avoit point de lois pénales , parce qu'il n'y avoit point de crimes ; mais à cette époque de la fociété, les bras, la hache, & l'épée de l'offenfé font les véritables lois péna- les : voilà les vengeurs de l'injure & les

---

Homère, qu'un meurtrier, chez les Grecs, à l'époque de la guerre de Troie, n'étoit obligé de fe tenir éloigné de fa patrie que jufqu'au moment où l'on avoit appaifé les parens du mort. Alors il ne couroit plus aucun rif- que ; il étoit à l'abri de toute punition. ( Voy. *Feith. antiquit. Homer. lib.* 2, *c.* 8 , *pag.* 187. ) Le droit de punir étoit donc, à cette époque de l'hiftoire grecque , entre les mains des particuliers. Chez les Germains, le droit de vengeance perfonnelle exiftoit encore dans toute fon étendue, au temps de Tacite, c'eft-à-dire, plus de deux fiècles après Céfar, quoiqu'ils euffent eu très-fouvent occafion de connoître les Romains & de traiter avec eux. *Sufcipere tam inimicitias feu patris , feu propinqui, quam amicitias neceffe eft ; nec implacabiles durant. Luitur enim etiam homici- dium certo armentorum ac pecorum numero, recipit- que fatisfactionem univerfa domus , utiliter in pu- blicum quia periculofiores funt inimicitiæ juxtà liber- tatem. ( Tacit. de morib. German. cap.* 7 & 21. )

Tome *IV.*      H

gardiens du droit. L'agreſſeur n'a rien à craindre ſi l'offenſé lui pardonne. Les ſeuls crimes contre leſquels on exerce le droit nommé *jus minorum gentium*, ou *droit de violence publique* (1), ſont les crimes d'Etat ; & les crimes d'Etat, dans cette ſociété, ſont les délits contre la Religion (2). La ſuperſtition que les chefs de ces ſociétés appellent à leur ſecours pour reſſerrer les liens ſociaux, conſerve en quelque ſorte l'ordre intérieur par des principes de théocratie. Tout ce qui eſt public, tout ce qui tient au droit général eſt confié à la ſurveillance ou à la protection d'une Divinité. Les attentats contre le public ſont donc

(1) Voyez, à la fin de ce chapitre, pag. 134, note 1, la différence du droit nommé *jus majorum gentium*, & du droit nommé *jus minorum gentium*.

(2) *Ne quid inaugurato faciunto ; ne quis niſi per portas urbem ingreditor, neve egreditor ; mœnia ſancta ſunto.* Voilà deux lois royales des Romains que le temps à reſpectées. Ce fut contre les impies ( *adverſùs Deorum violatores* ) qu'on infligea d'abord à Rome, ſous les Rois, le ſupplice du ſac de cuir. Voyez Valere-Maxime, *lib. 1, cap. 1, num.* 13.

des crimes contre la Divinité. Il faut l'appaiſer. La peine eſt la prière univerſelle ( *ſupplicium* ) (1) ; le coupable eſt la victime ( *ſacer eſto* ) (2) ; les exécuteurs

---

(1) On donna aux peines le nom de *ſupplices* ( *ſupplicia* ), parce que, dans l'origine, c'étoient des prières adreſſées aux Dieux. Les Germains & les Gaulois n'y attachoient pas d'autre idée. Voyez Tacite *de morib. German.* cap. 1 ; & Céſar ( *comment. lib. 6, cap. 15* ).

(2) *Sei. quis. terminom. exarſit. ipſos. Boveis. que. Sacrei. ſunto.* C'eſt un fragment d'une loi royale du code Papirien, rapporté par *Flavius - Urſinus*, dans ſes notes ſur le livre *de legibus & ſenatuscon-ſultis* d'Antoine - Auguſtin. Nous avons encore de ſemblables fragmens que je ne rapporte pas ici. Les lois des douze tables conſervèrent, dans les condamnations à mort, cette expreſſion ancienne ; & même, dans certains cas, elles exprimoient le nom de la Divinité à laquelle on immoloit le coupable. Nous y voyons conſacrer à Jupiter celui qui avoit outragé un Tribun du peuple ; au Dieu des Pères, un fils impie ; à Cérès, celui qui avoit incendié les blés d'autrui. Ce ne ſont là que des effets de ces mœurs primitives, nées du beſoin, & confirmées par l'uſage. Je crois trouver dans cette inſtitution la véritable origine des ſacrifices humains, ſi communs chez les Nations barbares. La coutume de ſacrifier un homme à la Divinité, comme on lui immoleroit un bouc ou un bœuf,

& les Juges font les Prêtres auxquels l'opinion publique donne cette force qui manque au Gouvernement (1) : leur au-

n'a pu naître que chez un très-petit nombre de peuples parvenus à l'état de dégénération. Les facrifices humains, communs à la plupart des peuples dans leur enfance, ne devoient être que ces facrifices d'hommes méchans dont nous venons de parler. En effet, les coupables que l'on faifoit mourir avec ces formes religieufes, étoient d'abord dévoués à l'exécration, aux furies. C'etoient les *Diris devoti* des Latins, & les αναθηματα des Grecs. Cette coutume fut commune aux différens peuples, parce qu'ils y étoient déterminés par les mêmes caufes politiques.

(1) On trouve chez prefque toutes les Nations barbares, à cette époque de leur hiftoire dont nous parlons ici, la magiftrature unie au Sacerdoce, pour les crimes relatifs à la Divinité. Voyez Denis d'Halicarnaffe, *lib. 2, pag.* 132 ; Strabon, *lib. 4, pag.* 302 ; Plat. *de legibus, lib. 6 & lib.* 8, *initio* ; Juftin. *lib. 2, cap.* 7 ; & Tacit. *de morib. German. cap.* 7, où il dit : *Ceterum neque animadvertere, neque vincire, neque verberare quidem nifi facerdotibus permiffum, non quafi in pænam, nec ducis juffu ; fed velut Deo imperante, quem adeffe bellantibus credunt.* Chez les Gaulois, les Druides étoient tout à la fois Juges & exécuteurs. *Comment. Cæfar. lib. 6, cap.* 15. C'eft peut-être d'après le même principe, que dans quelques

torité n'humilie pas la fierté d'un barbare, toujours foumis à la puiffance des Dieux, par fa haîne contre la puiffance des

---

Monarchies de l'Afie, comme je l'ai obfervé, l'emploi de bourreau, fous le nom de *Grand Sacrificateur*, eft une charge très-importante. Voilà pourquoi dans tous les Gouvernemens barbares, le Sacerdoce a toujours été dans les mains des Nobles, & le Chef ou Roi a prefque toujours été le premier Prêtre. *Patres facra Magiftratufque foli peragunto, ineuntoque. Sacrorum omnium poteftas fub Regibus efto ; facra Patres cuftodiuntœ* ( *Lex regia.* ) Voyez Denis d'Halicarnaffe , *lib.* 2. Ariftote, dans fes livres de politique, faifant la divifion des Républiques, parle des règnes héroïques, où les Rois faifoient exécuter les lois au dedans, foutenoient la guerre au dehors, & étoient chefs de la Religion. ( *Polit. lib.* 3 , *édit. Petri. Vittor.,pag.* 261, 262. ) En effet, Erethée fut, dans la Grèce, le premier Roi qui fépara le fceptre du Sacerdoce. ( *Apollodor. lib.* 3 , *pag.* 198. ) Les Rois de Rome furent tous Rois des chofes facrées. ( *Reges facrorum.* ) Après leur expulfion, le Chef des Féciaux fut revêtu de ce titre. On trouve encore les reftes de cet ufage dans la confécration des Rois, pendant les fiècles de barbarie moderne. Hugues-Capet fe faifoit appeler *Comte & Abbé de Paris* ; & Parradin, dans fes annales de Bourgogne, rapporte des chartes anciennes, où plufieurs Princes de France prenoient communément le titre de *Comtes & Abbés* , ou *Ducs & Abbés.*

hommes. Ces exécutions, avec les motifs qui les ont dictées, se conservent dans le corps du Sacerdote par une tradition inconnue au peuple : voilà pourquoi les lois pénales furent nommées *exempla*, & le corps de droit qui les renfermoit fut appelé *jus arcanum* (1).

Revenons aux délits contre les particuliers. Nous avons laissé l'exercice du droit de punir entre les mains de l'offensé ; nous l'avons seulement astreint à quelques formalités. Cette première modification en amène une autre quelque temps après. L'esprit de vengeance se déploie avec toute sa fureur dans des hommes barbares. D'abord elle ne connoît point de bornes. Obliger l'offensé de retarder quelques instans l'exercice de son droit de punir, c'est affoiblir l'activité de sa passion, c'est en prévenir les excès. Voilà ce que la puissance législative doit prescrire dans cet état de choses ;

-----

(1) Voyez sur ce sujet Vico, *de uno universo juris principio & fine uno, lib. unus, cap.* 167 & 168; & *Scienza nuova, lib.* 1, *dignità* 2, *pag.* 101.

voilà ce qu'elle a véritablement prefcrit (1).

---

(1) Je pourrois confirmer ici cette vérité par l'hiftoire
de nos derniers fiècles de barbarie ; mais comme elle eft
aſſez généralement connue , je me contenterai de rapporter un fait que je trouve dans les temps de barbarie
les plus reculés , dans les temps héroïques des anciens
peuples. Chez toutes les Nations barbares , l'inftitution
des afiles a précédé l'établiſſement des lois pénales : nous
la trouvons dans les fiècles où le droit de punir étoit
exercé par chaque individu. Andromaque fe réfugie
dans le temple de Thétis. ( *Euripid. Androm. act.* 1. )
On engage Polixène à fe retirer dans les temples & aux
pieds des autels , pour éviter la mort. *Abi ad templa ,
abi ad altaria* , &c. ( *Euripid. Hécub.* ) Fémius , dans
l'Odyſſée , cherche auprès de l'autel de Jupiter un afile
contre Ulyſſe. ( *Homer. Odyſſ.* 22. ) Priam fe réfugie
dans le temple de Jupiter après la prife de Troie.
( *Pauſanias in Corinthiacis.* ) Et Œdipe , dans le
bois facré des Euménides. ( *Sophocl. Œdip. Collon.* )
Je néglige une foule d'autres exemples. Réfléchiſſant fur
la caufe d'une inftitution fi générale , je penfe qu'elle ne
pouvoit avoir d'autre objet , à cette époque , que de
défendre l'agreſſeur contre les premiers mouvemens de
vengeance de l'offenfé , lui donner le temps néceſſaire
pour l'appaifer par des prières , des indemnités , &c. ; ou
du moins de calmer leur fureur réciproque , & prévenir
ainfi les terribles excès de la vengeance. La crainte
d'encourir la peine du *facrilège* , qui , dans cet état de

De la naît un autre avantage. Comme la vengeance de l'offenfé eſt alors le ſeul objet de la peine ; comme il a le droit de punir, de pardonner, de tranſiger ; dans l'intervalle du délai, ſa fureur ſe calme, & il accepte un dédommagement plus utile pour lui. Afin de parvenir à ce but, on confie l'agreſſeur, pendant tout cet eſpace de temps, à une perſonne chargée de le défendre contre les violences de l'offenfé. Le Noble, le Seigneur eſt garant de ſon client, de ſon *homme* ; le Roi, le Chef de la Nation eſt garant du Noble,

---

ſociété, devoit être un crime public, puiſque c'étoit un crime contre les Dieux ; cette crainte ſuffiſoit pour arrêter l'impétuoſité d'un barbare, malgré tout ſon fanatiſme pour la liberté perſonnelle. Sous ce point de vue, l'aſile n'étoit donc qu'un moyen de ſéparer la vengeance de l'injure ; c'étoit une trève, pendant laquelle on pouvoit, ou ſtipuler la paix, ou ſe ſouſtraire à une partie des maux de la guerre. J'exprime de cette manière le droit d'aſile, parce qu'il n'eſt pas poſſible de ſuppoſer qu'à cette époque, un homme ſe déterminât à paſſer toute ſa vie dans un temple, pour ſe dérober à la vengeance de l'offenfé. Un barbare, hardi & courageux, pouvoit bien ſe réfugier dans un temple, mais ce n'étoit pas pour long-temps.

'du Seigneur. Lorfque la *compofition* eft fixée, l'agreffeur, après avoir payé l'offenfé, rembourfe à fon garant fes frais de garde (1). Voilà l'origine du *fredum* de nos derniers fiècles de barbarie (2).

Cette feconde opération en amène, avec le temps, une troifième beaucoup plus utile. Jufques alors on a dû abandonner, au choix de l'offenfé, l'étendue de la peine & la valeur de l'indemnité. En effet, comment un homme, tranf-

***

(1) *Tacit. de morib. German.*

(2) Voyez Dufrefne, *Gloffar. v°. fredum*, & *faida*. Celle-ci étoit la fomme qu'on payoit à l'offenfé & à fes parens; l'autre le prix de la garde qu'on payoit au garant. On continua de payer ce dernier droit, même lorfque le garde de l'agreffeur ne fut plus néceffaire; c'eft-à-dire, lorfqu'on eut ôté aux particuliers le droit de la vengeance, ou l'exercice du pouvoir de punir. On ne fit qu'établir les cas où l'on devoit payer le *fredum*; il avoit lieu toutes les fois qu'il exiftoit une offenfe. Lorfque le meurtre, le tort ou l'injure étoient involontaires, on ne payoit point de *fredum*. Voyez le code des Ripuaires, tit. 70 & tit. 46; celui des Lombards, liv. 1, chap. 31, §. 3; la loi Salique, tit. 28, §. 6; Marculfe, liv. 1, form. 2, 3, 4, 17.

porté de colère , eût-il laissé prescrire
des bornes à une vengeance qui pouvoit
suivre immédiatement l'injure ; & comment fixer l'indemnité , si l'on ne commence par mettre des bornes à la vengeance ?

Il falloit donc disposer le barbare à
ces deux opérations , en l'obligeant à
laisser . écouler quelque temps avant
d'exercer son droit sur l'agresseur. Or ce
délai dont j'ai parlé , prévenant les excès
de la vengeance & favorisant le remède
de la *composition*, permet à la puissance
législative de joindre à ces deux avantages, celui de restreindre cette partie de
l'indépendance naturelle , en fixant l'é-
tendue de la peine & la valeur de l'indemnité. On établit donc la peine du
talion, & on règle d'après elle la valeur
de l'amende.

Cette peine du talion, contre laquelle
s'élèvent des Criminalistes qui ne savent
apercevoir que les objets qui les environnent ; cette peine , qui doit être
proscrite du code d'une Nation perfec-

tionnée (1), eſt cependant, dans l'état de ſociété dont nous parlons, l'inſtitution la plus ſage & la plus conforme aux circonſtances politiques.

Nous la trouvons en effet établie chez tous les peuples qui furent & qui ſont dans cet état (2); & ſi Locke lui-même eût dû former un ſyſtême pénal pour un peuple placé à ce degré de barbarie, il eût établi le talion, comme Pythagore (3)

---

(1) Je parle du talion en général, non du talion établi en quelques cas particuliers par la ſanction pénale. Celui-ci peut convenir à des peuples parvenus au plus haut degré de civiliſation. ( Nous l'avons en effet propoſé comme peine de la calomnie, à l'exemple des Romains. ) Le premier n'eſt propre qu'à des peuples placés dans cet état de barbarie.

(2) Les Européens, qui ont trouvé en Amérique quelques peuples vivant dans l'état de barbarie dont nous parlons, y ont vu l'uſage du talion établi de la même manière que nous venons de l'expoſer. Voyez le voyage de Coreal, tome 1, page 208; le voyage de J. de Lery, page 272; & l'hiſtoire générale des voyages, tome 4, page 324, 325.

(3) Ariſtote, dans ſon Ethique, appelle le talion *le juſte Pythagorique*, parce que Pythagore l'établit dans la grande Grèce, qu'il trouva au degré de barbarie que nous venons d'indiquer.

& nos barbares aïeux l'établirent. Exa-
minons-en les avantages.

En fixant le talion comme mesure de
toute peine, & établissant en même temps
la valeur de l'indemnité d'après les
événemens les plus ordinaires, on donne
au peuple la première idée, quelque im-
parfaite qu'elle soit, de la proportion de
la peine avec le crime, & de la *composition*
avec la peine.

A ce premier avantage, il s'en joint
un autre beaucoup plus important. Celui
qui ne peut plus laisser à sa vengeance
un libre cours ; celui qui ne peut faire à
son agresseur plus de mal qu'il n'en a
reçu, abandonne volontiers à d'autres le
soin de le punir & de venger son offense,
lorsqu'il ne veut pas accepter la commu-
tation pécunaire. La puissance légiflative
doit alors profiter de cette disposition
insensible des esprits, pour convertir la
*force privée* en *force publique ;* pour arracher des mains des individus l'exercice
du droit de punir, & le confier à une
magistrature analogue aux circonstances
politiques où se trouve alors la Nation.

Le Noble jugera & punira com-
me Magiſtrat ſon client agreſſeur ; le
Roi jugera & punira comme Magiſtrat
le Noble coupable. Tel eſt l'état où
Ulyſſe trouva les Phéaciens (1) ; voilà
ce qui exiſta à Rome ſous les derniers Rois (2), & ce qui a exiſté chez

---

(1) Homère, ce grand Hiſtorien de la barbarie, ce
Poëte qui offre aux Philoſophes les moyens d'obſerver
les différens états par leſquels les peuples doivent paſſer
pour arriver à l'état civil, montre les Phéaciens dans
ce dernier période de barbarie, & trace en peu de
mots la forme de leur Gouvernement. Douze Rois ou
Nobles gouvernoient le peuple diviſé en différentes
tribus ; & le treizième Roi ( Alcinoüs ) jugeoit les douze
Rois inférieurs, ou Nobles. Dans le diſcours qu'il met
dans la bouche d'Alcinoüs, il ſe ſert de ces expreſ-
ſions : *Duodecim enim in populo præclari reges Principes imperant, tertius decimus autem ego ipſe.*
( *Homer. Odyſſ. lib.* 8, *v.* 390, 391. ) On n'a qu'à lire
ce diſcours en entier, & on verra combien de force il
donne à mon ſyſtème.

(2) C'eſt ainſi que Tarquin fit mourir une grande
partie des Patriciens. Il eſt très-certain que les Rois,
dans ce dernier période du règne héroïque de Rome,
jugeoient les Patriciens, puiſqu'après l'expulſion des Rois,
cette prérogative paſſa aux Conſuls, à qui furent tranſmis la plupart des droits de la royauté. Brutus s'en ſervit

les Nations barbares des temps modernes,
placées au degré le plus voisin de l'état
civil (1).

***

pour punir les partifans des Tarquins & leurs enfans.
Nous avons obfervé ailleurs, que la loi Valéria porta
le premier coup à cette funefte prérogative, qui fut
enfuite entièrement abolie par les lois des douze Tables.
Il eft vrai que dans ces lois on parle en général du citoyen
de Rome ; mais nous démontrerons bientôt dans une note,
que par le mot de citoyens, on ne pouvoit entendre álors
que les Nobles. Le droit de juger de la vie d'un citoyen,
dont les Confuls furent revêtus après les Rois, étoit donc
le droit de juger de la vie d'un Patricien. Nous avons plufieurs preuves, que les Patriciens jugèrent comme Magiftrats les cliens qui compofoient le peuple. Voyez ce
fragment de la loi royale que nous avons cité. *Patres
facra, Magiftratusque foli peragunto, ineuntoque.*
On trouve dans un autre fragment une peine très-
forte contre le Noble qui abufera de ce droit. *Si Patro-
nus clienti fraudem fecerit, facer efto.* Ce fragment
nous a été confervé par Servius, fur cette fin du vers du
fixième livre de l'Énéide, *Aut fraus innexa clienti.* Il
eft vraifemblable, que lorfqu'on fit, fous les derniers Rois,
la répartition du peuple en différentes tribus, on eut
pour objet de diftribuer la juridiction de chaque Patricien
fur fa clientelle, afin qu'il pût exercer le pouvoir judiciaire fur tous les individus qui la compofoient. Un grand
nombre de faits que je néglige ici juftifient cette conjecture.

(1) Les juridictions feigneuriales, dans ce dernier

C'eſt ici que commence le droit qu'on nomme écrit ( *jus ſcriptum.* ) La loi écrite n'eſt, dans cet état de choſes, que le tarif des prix par leſquels on peut racheter les différentes eſpèces d'offenſe (1). Pour fixer ces différentes ſommes, la loi doit examiner l'inégalité des conditions entre les Nobles & les cliens, entre les cliens & les eſclaves. Le prix de la com-

période de notre barbarie moderne, ſont une partie de l'Hiſtoire ſi généralement connue, qu'il eſt inutile d'en parler. Quant au droit qu'a le Roi de juger les Nobles ou Grands ( *Proceres*, *Optimates* ), pour me ſervir des termes uſités dans les codes de ces peuples, je ne ſais comment quelques perſonnes ont pu douter que le Roi, aſſiſté de ſon Conſeil privé, non ſeulement ait eu ce droit, mais qu'il l'ait exercé. Les lois, les formules, l'hiſtoire de ces temps, tout atteſte cette vérité. Voyez Grégoire de Tours, *lib.* 6, *cap.* 32 *&* 35 ; *& lib.* 10, *cap.* 18 *& 19*.

(1) Voyez tous les codes barbares dans la collection de Lindenbrock, & particulièrement le code des Lombards, liv. 1, tit. 6, §. 3 ; le code des Friſons, tit. 5 & ſuiv. ; le code des Bourguignons, tit 5, 10, 11, 12; le code des Allemands, tit. 58, §. 1 & 2 ; la loi Salique, tit. 19, 21, 31, 43, 61; & Grégoire de Tours, *Hiſt. lib.* 4, *cap.* 28.

position eft donc déterminé par la conſ dition de l'offenſé, par celle de l'agreſ-ſeur, par la nature de l'offenſe (1).

Il y a plus ; les cauſes morales & politiques qui ont amené un peuple vers la civiliſation, la perte de l'exercice du droit de punir & de la vengeance perſonnelle, le progrès lent, mais ſenſible, des mœurs, l'altération du caractère général de férocité, que l'habitude de vivre enſemble & la communication des devoirs ſociaux ont dû néceſſairement produire, mettent la puiſſance légiſlative en état d'établir, ſous une nouvelle forme, ce ſyſtême pénal. Le choix du talion ou de la *compoſition* n'appartient plus à l'offenſé. La peine pécuniaire eſt la peine commune ; le talion eſt la peine extraordinaire. Lorſque le coupable, lorſque l'agreſſeur ne veut ou ne peut payer le prix de la compoſition, on le condamne

_______________

(1) Voyez les titres cités du code des Bourguignons, & les titres 26, 30, 33, 48 ; la loi Salique, titres cités, & tit. 37, 41, 43, art. 6, 7, 8. Les autres codes renferment les mêmes diſpoſitions.

au talion ; & c'eſt, pour ainſi dire, à l'agreſſeur, non à l'offenſé, qu'appartient le choix de la peine (1). Cette méthode a de nombreux avantages. Je n'en remarquerai que deux. Elle achève de détruire l'ancien droit de la vengeance perſonnelle, & elle corrige une grande partie des abus attachés au talion ; abus qu'on ne peut ſupprimer entièrement dans cet état de choſes, mais qu'il eſt néceſſaire de modifier.

Comparons ce dernier période de barbarie avec le premier. Quel eſpace

---

(1) Aulu Gelle, parlant de la loi Royale inférée dans les tables des Décemvirs ( *ſi membrum rupit, ni cum eo pacit, talio eſto.* ), fait voir que dans ce temps qui répond au période de barbarie que nous traçons, c'étoit l'agreſſeur & non l'offenſé qui avoit droit de choiſir entre le talion & la compoſition. *Reum*, dit il, *habuiſſe facultatem paciſcendi ; & non neceſſe habuiſſe pati talionem, niſi eum elegiſſet.* (*Aulu-Gell. lib.* 11, *cap.* 1 ; *& Sigonius , de judiciis, lib.* 2, *cap.* 3. ) Dans les codes des Nations barbares de nos temps modernes, on trouve cette méthode généralement établie. On infligeoit le talion quand le coupable ne vouloit ou ne pouvoit payer le prix de la compoſition. Voyez, entre autres lois, la loi Salique, tit. 61.

*Tome IV.*          I

immenfe nous avons parcouru! La vengeance perfonnelle n'exifte plus, la peine
n'eft plus indéterminée, la compofition
n'eft plus arbitraire, l'offenfé n'a plus
droit de choifir entre le talion & la peine
pécuniaire. Il exifte un Juge, une loi;
il eft un code écrit, & un Magiftrat qui
en applique les difpofitions à tous les cas
particuliers.

Cet ordre de chofes, très-imparfait
en lui-même, mais le meilleur poffible
dans les circonftances où nous fuppofons
la Nation, doit, avec le temps, produire néceffairement un grand mal, &
de ce mal doit enfuite naître un grand
bien. L'autorité de juger & de punir,
exercée par le Roi fur les Nobles, & par
les Nobles fur les cliens; cette autorité,
jointe aux autres prérogatives de leur
condition politique, eft placée dans des
mains trop puiffantes, pour ne pas entraîner, tôt ou tard, les plus grands défordres. Avec un tel inftrument, ou le
Roi accablera les Nobles, ou les Nobles
accableront les cliens. Dans le premier
cas, l'oppreffion armera les Nobles contre

le Roi; dans le second, elle armera le corps des cliens, le peuple contre les Nobles. Dans le premier cas, les Nobles s'uniront au peuple pour chaffer le Roi; dans le second, le peuple s'unira au Roi pour affoiblir & tourmenter les Nobles. Dans le premier cas, on fondera une Ariftocratie, comme cela arriva à Rome (1); & dans le second, une Mo-

---

(1) C'eft une erreur de croire que Brutus établit à Rome la Démocratie. Si, après l'expulfion des Tarquins, l'ancien fyftème de la clientelle tomba en défuétude, les individus qui la formoient & compofoient un feul corps fous le nom de peuple, ne participèrent pas pour cela au Gouvernement. Ils continuèrent à ne connoître d'autre pouvoir que celui qui avoit été établi dans le dénombrement de Servius-Tullius, vrai fyftème de dépendance & de fervitude; & lorfque par la feconde loi *Agraire*, qui fut l'objet de la première loi inférée dans les douze Tables, ils obtinrent le pouvoir quiritaire, *Dominium quiritarium*, ce pouvoir refta long-temps imparfait dans leurs mains. Comme le peuple ne jouiffoit pas encore de la *folennité des mariages*, il n'en avoit pas les effets civils, tels que la *puiffance paternelle*, les *agnations*, les *fucceffions légitimes*, &c. Tant que les Plébéiens ne purent prétendre, non au droit de s'allier aux Patriciens, comme on le croit communément, mais aux *connubia patrum*,

narchie, comme cela eſt arrivé chez les Nations modernes de l'Europe.

Le Gouvernement démocratique ne

---

aux droits de *mariage ſolennel*, à ce que *Modeſtus* appelle *omnis divini & humani juris communicatio ;* il ne leur fut pas poſſible d'être regardés comme citoyens. Puiſqu'ils ne participoient pas aux effets civils des mariages, comment auroient-ils pu participer aux effets politiques ? Lorſqu'après tant de clameurs & de menaces ils eurent enfin obtenu ces droits précieux, ils furent citoyens ; mais il dut s'écouler encore quelque temps avant que la ſouveraineté paſsât au peuple compoſé de Nobles & de Plébéiens ; parce qu'avant cette époque, on n'entendoit, par le mot de peuple, que le corps des Nobles : c'étoient les ſeuls citoyens. La Démocratie commença à Rome avec les grands Comices, compoſés, comme on ſait, des Nobles & du peuple. Avant ce temps, lorſqu'il eſt queſtion du peuple, on ne parle que du corps des Nobles, dont une partie formoit le Sénat, pendant que tout l'ordre des Nobles repréſentoit le peuple. L'Hiſtoire romaine de ces temps ſemble pleine de contradictions, ſi on ne la lit d'après ces idées. Je prie le lecteur de réfléchir ſur cette note, à laquelle je ne puis pas donner beaucoup d'étendue, & qui m'a coûté beaucoup de travail & de méditations. On y verra quelle fut la première conſtitution ariſtocratique établie à Rome après l'expulſion des Tarquins, expulſion qui eut, pour cauſe principale, l'abus qu'ils avoient fait du droit de punir les Patriciens.

peut naître que de la corruption de l'une de ces conſtitutions. Si l'Ariſtocratie devient violente & tyrannique, ſi la Monarchie dégénère en un deſpotiſme féroce ; alors le peuple, las de ſouffrir, ſort de ſa léthargie, voit ſes droits, meſure ſes forces, combat, chaſſe les tyrans, & élève, au milieu de ſa patrie, les trophées de la liberté ; ou bien, il ſe dérobe au joug par la fuite, & va s'établir au loin, dans des iſles, ſur des rochers, ſur des montagnes, au milieu des marais, dans des lieux où l'eau & la terre combattront pour lui & défendront ſes droits.

C'eſt ainſi que ſe forment les trois eſpèces de ſociétés civiles ; voilà l'époque de la maturité politique d'un peuple, époque où la Légiſlation, & le code pénal en particulier, peut acquérir toute la perfection convenable, & être établi ſur les principes que nous avons expoſés ci-deſſus, & que nous continuerons de développer dans le cours de ce Livre (1).

_______________

(1) Je prie le lecteur de ſe rappeler ce que j'ai dit

I 3

Laiſſons au lecteur le ſoin d'appliquer les faits à ces vérités, & voyons l'influence que doivent avoir ſur le ſyſtême pénal ces trois eſpèces de conſtitutions. Après que nous aurons examiné les principes qui dépendent de ce premier rapport du ſyſtême pénal avec la nature du Gouvernement, nous paſſerons à ceux qui dépendent des rapports avec les autres objets, dont l'enſemble conſtitue

---

dans le dernier chapitre du tome I; il y verra comment les principes généraux que j'ai établis reçoivent leur application dans le cours de cet Ouvrage. L'unité eſt le principal mérite d'un ſyſtême.

Je vais éclaircir ici une idée que je n'ai fait qu'indiquer, pour ne pas troubler l'ordre de mon raiſonnement.

La notion que j'ai donnée du *jus majorum gentium* & du *jus minorum gentium*, en ſuppoſe d'autres; il faut avoir une idée exacte du *droit*, & du *droit des gens*.

Je définis le droit, *l'égalité d'avantages*. Je laiſſe au lecteur le ſoin d'examiner cette définition, qui ne paroît pas avoir été inconnue aux anciens, puiſqu'au mot *jus*, ils ajoutèrent le mot *æquum*.

Je définis le droit des gens en général, *le droit de la violence*; c'eſt-à-dire, *l'égalité d'avantages, établie*

*l'état de la Nation.* Nous la confidérerons,
non plus dans fon enfance, mais dans fa

---

*& foutenue par la force.* Cette *violence* eſt, ou *parti-
culiére*, ou *publique ;* & de là naît la différence entre le
*jus majorum gentium,* & le *jus minorum gentium.*

Je définis le *jus majorum gentium,* le *droit de violence particuliere;* c'eſt-à-dire, *l'égalité d'avantages,
foutenue par les forces individuelles;* cette égalité exiſ-
toit entre les hommes, dans l'état d'indépendance naturelle, comme elle exiſte entre les nations, dont chacune
doit défendre fon droit par fa propre force.

Je définis le *jus minorum gentium,* le *droit de violence publique ;* c'eſt-à-dire, *l'égalité d'avantages,
foutenue par la force publique;* cette égalité exiſte
dans la fociété civile, où tout le corps focial défend les
droits des individus qui le compofent.

Ce que l'on appelle donc communément *droit des
gens,* n'eſt autre chofe que le *jus majorum gentium ;*
& ce que l'on nomme *droit public,* eſt le *jus minorum
gentium ;* voilà pourquoi les anciens Jurifconfultes ont
confondu le *droit public* avec le *droit des gens.*

Le lecteur, en réfléchiffant fur ces idées auxquelles
je n'ai pu donner plus de développement, apercevra
encore le motif de ces diſtinctions fi fréquentes chez les
anciens Ecrivains, entre ce qu'on appelle *majorum
gentium Dii, majorum gentium Patricii;* & *minorum
gentium Dii, minorum gentium Patricii.* On donnoit
le nom de *majorum gentium Dii* aux Dieux plus anciens, antérieurs à l'origine des villes, comme Saturne,

maturité politique. Tel eſt l'objet du chapitre ſuivant.

---

Jupiter, Mars, Mercure, & les autres que la mythologie appelle ainſi (*). Le nom de *minorum gentium Dii* étoit appliqué à ceux qu'on honoroit depuis la formation des villes, comme *Quirinus*. Ainſi, les Romains nommèrent *Patricii majorum gentium*, ceux qui deſcendoient des premiers *Pères*, choiſis par Romulus à l'époque de la fondation de Rome, c'eſt-à-dire, qui avoient été dans l'indépendance naturelle; & *minorum gentium Patricii*, ceux qui deſcendoient des Patriciens d'une création poſtérieure. On appeloit, par la même raiſon, *gentes majores* les familles nobles anciennes, comme, par exemple, celles qui deſcendoient des premiers Pères, dont Romulus compoſa le Sénat; & *gentes minores*, les familles d'une *nobleſſe nouvelle*, qui étoient iſſues des Pères créés poſtérieurement à la formation du Sénat; tels, par exemple, que ceux dont Junius-Brutus, après l'expulſion des Rois, compoſa le Sénat que Tarquin le Superbe avoit preſque épuiſé par ſes meurtres de Sénateurs.

---

(*) Ils furent chez les Chaldéens au nombre de douze. Les Grecs, pour les exprimer, ſe ſervoient, comme on fait, du ſeul mot δωδεκα. C'étoient Jupiter, Junon, Diane, Apollon, Vulcain, Saturne, Veſta, Mars, Vénus, Minerve, Mercure, Neptune.

# CHAPITRE XII.

*Suite de la théorie précédente.*

Nous voici arrivés à la partie de cette théorie qui intéresse le plus l'état actuel des Nations de l'Europe. L'influence que doivent avoir sur le système pénal les différentes circonstances politiques, physiques, & morales des peuples parvenus à l'état de perfection, sera l'objet de ce chapitre. Je commence par la nature du Gouvernement.

Il y a dans l'Aristocratie une classe qui commande, & une classe qui obéit : la souveraineté est le droit des Nobles ; l'obéissance est le devoir du peuple.

Dans la Monarchie, le Prince dicte la loi, le corps des Magistrats la fait exécuter. Un ordre de Nobles illustre le trône & en est illustré ; une distinction de rangs y est établie sur des prérogatives d'honneur, non de pouvoir. La dernière classe de cet état ne connoît pas beaucoup l'honneur, & redoute peu l'infamie.

Dans la Démocratie, le peuple commande. Chaque citoyen repréfente une portion de la fouveraineté. Dans l'affemblée publique, il voit, pour ainfi dire, une partie de la couronne appuyée fur fa tête : l'obfcurité de fon nom, la modicité de fa fortune ne peuvent éteindre en lui le fentiment de fa dignité. Si le délabrement de fa trifte demeure lui annonce fa foiblefle, il n'a qu'à franchir le feuil de fa maifon, il fera bientôt au milieu de fon palais; il verra fon trône, il fentira fa fouveraineté tout entière. S'il rencontre dans la rue un citoyen beaucoup plus riche que lui, fuivi d'une foule de domeftiques, environné d'un cortège de partifans, orné de tous les attributs de la plus éclatante magiftrature, il n'a qu'à fe fouvenir de l'égalité politique qui exifte entre lui & fon concitoyen ; & loin d'être humilié de cette fupériorité, il s'appropriera, par l'imagination, une partie de la grandeur qu'il a devant les yeux.

C'eſt ainſi que ſe manifeſtent les trois formes des Gouvernemens modérés. Examinons quelle doit être leur influence ſur l'emploi des peines.

Dans l'Ariſtocratie, le Noble, proſcrit de ſa patrie, eſt proſcrit du ſiège de ſon empire. L'homme du peuple perd ſes amis, ſes parens ; mais l'exil ne porte point atteinte à ſa condition politique. Qu'il ſoit dans ſa patrie, qu'il en ſoit éloigné, ſon état eſt toujours le même. Obéir aux lois ſans concourir à leur formation, telle ſera ſa condition politique chez quelque Nation qu'il aille. Dans l'Ariſtocratie, l'exil de la patrie ſera donc une très-grande peine pour un Noble, & une peine aſſez légère pour un homme du peuple. Elle ne doit donc pas être prononcée contre ce dernier, parce que, comme je l'ai obſervé ailleurs (1), une peine légère, qui ne pourroit être appliquée qu'à un délit peu important, & qui cependant prive l'Etat d'un individu, eſt une peine très-dangereuſe : le Légiſlateur

_______________

(1) Chapitre 10.

doit lui en fubftituer une autre qui produife le même effet, fans caufer le même mal.

La peine de l'exil ne fera donc infligée, dans l'Ariftocratie, qu'à la feule claffe des Nobles. Cette peine, établie, par exemple, contre le perturbateur de l'ordre public, éloignera de femblables attentats le Noble ambitieux, & préfervera en même temps la conftitution des nouvelles intrigues que le coupable pourroit former, fi la peine de fon délit ne le féparoit de la patrie.

Dans la Monarchie, cette peine fera profcrite du code pénal. Aucune claffe de l'Etat ne doit jouir, dans cette conftitution, d'un pouvoir attaché à la perfonne des individus qui la compofent; aucun particulier n'y participe à la fouveraineté, n'y doit repréfenter une portion du pouvoir légiflatif, n'y peut naître avec le droit d'exercer une partie du pouvoir exécutif (1). Si ces abus exiftent,

---

(1) Voyez le développement de cette vérité, tome 3, chapitre 18.

la constitution est vicieuse. Dans une Monarchie régulière, la peine de l'exil de la patrie ne doit donc être établie contre aucun ordre de l'Etat. Le Noble qui a des prérogatives d'honneur & n'a point de pouvoir à perdre, conserveroit, par l'exil, à moins que son délit ne fût infamant, tout l'éclat de sa condition ; il consommeroit ses revenus hors de la patrie ; il laisseroit dans l'inaction une foule de citoyens que son luxe entretenoit dans le travail & dans l'aisance ; il nuiroit à la société, & par son délit, & par sa peine. Le Magistrat, partant pour le lieu de son exil, ne regretteroit que l'exercice d'une charge dont on eût pu le dépouiller sans le proscrire ; & sans doute cette humiliation, en offrant sans cesse à tous les yeux les tristes effets de son crime, auroit été plus sensible pour lui, & plus utile pour les autres. La peine de l'exil devroit, dans ce Gouvernement, être considérée, pour tous les ordres de l'Etat, du même œil qu'on l'envisage relativement au peuple dans l'Aristocratie. Elle devroit donc être proscrite du code pénal d'une Monarchie (1).

On ne peut pas dire la même chose de la Démocratie. Dans ce Gouvernement, chaque citoyen représente une partie de la souveraineté : le peuple entier est, dans la Démocratie, ce qu'est l'ordre des Nobles dans l'Aristocratie. La même cause qui rend utile la peine de l'exil contre l'ordre des Nobles dans l'Aristocratie, la rendra donc utile contre le peuple dans la Démocratie. Dans ce Gouvernement, le citoyen, proscrit de sa patrie, est privé de sa condition politique ; il perd sa souveraineté, son empire. En quelque lieu qu'il aille, il trouve une

---

(1) L'histoire de la Législation romaine offre une preuve de cette vérité. Avant César, l'interdiction de l'eau & du feu n'étoit pas accompagnée de la confiscation des biens. La perte de la patrie étoit, pour un Romain, la plus forte de toutes les peines. Lorsque la liberté fut détruite, la perte de la patrie devint une peine trop légère ; & comme elle étoit destinée aux délits les plus graves, César y joignit la confiscation des biens, pour ne pas altérer entièrement le système pénal. ( *Sueton. in Cæsar. & Dion. lib. 50.* )

dépendance d'autant plus insupportable, qu'il n'y est pas préparé par l'éducation, familiarisé par l'habitude. L'exil doit donc être considéré sous différens aspects, suivant la différence des Gouvernemens.

Examinons maintenant quelle influence doit avoir la nature du Gouvernement sur l'usage de la peine d'infamie. Si l'on se rappelle ce que j'ai dit sur cette espèce de peine dans les principes généraux développés ci-dessus, on verra que la peine d'infamie ne doit être prononcée que contre les crimes infamans de leur nature, & infligée qu'à ces classes de l'Etat qui sentent le prix de l'honneur. Appliquons maintenant ces principes généraux aux principes particuliers qui doivent déterminer l'emploi de cette peine dans les différens Gouvernemens, & nous verrons qu'elle ne peut être véritablement générale que dans la Démocratie.

Dans ce Gouvernement, comme je l'ai dit, chaque citoyen est pénétré de l'idée de sa dignité. Sa main qui jette dans l'urne le décret de la guerre ou de

la paix, qui foufcrit un traité de confédération, de trève, d'alliance, d'où dépendent peut-être la tranquillité, la sûreté, la
deftinée de fa patrie & d'un grand nombre de peuples; fa bouche qui propofe,
rejette, ou approuve une loi nouvelle,
déroge à une ancienne, dénonce les
vices, ou attefte les vertus du citoyen
qui demande une place de magiftrature;
fa maifon qui, malgré le fpectacle de
mifère qu'elle préfente, eft affiégée à
chaque inftant par les perfonnages
les plus diftingués de la République,
qui vont, avec le refpect qu'infpire
l'ambition, folliciter fon fuffrage &
difpofer fon opinion en leur faveur; la
place publique, où, dans le temps des
affemblées, & le Magiftrat qui convo-
que, & le Sénat qui prépare les objets
de délibération, & l'Orateur qui accufe,
défend, oppofe ou foutient, & les Can-
didats qui ambitionnent les charges, en
un mot, tous ceux qui s'élèvent le plus
au deffus de lui, dépendent, d'une manière plus particulière, de fes déci-
fions; tout doit fans ceffe rappeler au
citoyen

citoyen fon pouvoir & fa dignité. Ce fentiment, formé & entretenu par le concours de tant de caufes ; ce fentiment, commun à tous les membres de la Démocratie ; ce fentiment, qui a tant de rapports avec le véritable honneur, qu'on peut le regarder comme le même principe d'activité ; ce fentiment, dis-je, doit, dans une telle conftitution, rendre généralement l'honneur précieux, & l'infamie terrible.

Les peines d'infamie doivent donc y être prononcées contre tous les membres du corps focial. Mais peuvent-elles exifter auffi au fein d'une Ariftocratie, d'une Monarchie ? Quel prix l'homme du peuple, dans ces deux efpèces de Gouvernement, attachera t-il à l'infamie ? Dénué de pouvoir, d'honneur, de fortune, de lumières ; enfeveli dans l'obfcurité de fa condition ; inconnu à fes concitoyens, &, pour ainfi dire, à lui-même, il ne fait pas donner à l'opinion publique cette valeur qui doit en rendre la perte affez effrayante, pour qu'on puiffe fe fervir avec utilité de la peine d'infamie.

Cette peine, qui n'eſt qu'un ſigne du mépris public, ne peut être très-ſenſible pour un homme qui n'eſt pas accoutumé à être reſpecté, & qui n'en a pas les moyens. Vous verrez l'homme du peuple ſubir avec intrépidité l'infamie à laquelle le Noble préféreroit la mort la plus douloureuſe.

Dans l'Ariſtocratie & dans la Monarchie, le Légiſlateur ne peut donc prononcer indiſtinctement la peine d'infamie contre tous les individus, comme il peut le faire dans une Démocratie. Ceux qui, dans les deux premiers Gouvernemens, forment cette claſſe de la ſociété que l'on nomme la populace (1), doivent être éloignés du crime par tout autre moyen. Mais aux yeux de la juſtice, dira - t - on, tous les coupables ſont égaux : le Noble & l'homme du peuple

---

(1) Je diſtingue dans l'Ariſtocratie le peuple de la populace. Le peuple eſt la partie de la ſociété qui obéit ; la populace eſt la dernière claſſe du peuple, & c'eſt contre cette claſſe que les peines d'infamie ne doivent pas, ſelon moi, être établies.

doivent être également punis , lorfqu'ils ont également offenfé les lois.
J'accorde cette propofition ; mais le
Noble , puni par l'infamie , le fera-t-il
moins que l'homme du peuple condamné
à une fervitude perpétuelle ? La valeur
de la peine ne doit-elle pas fe mefurer
par fon intenfité ? & la manière dont on
croit que le coupable en fera affecté ,
n'eft-elle pas la mefure de cette intenfité ?
La loi n'eft pas plus févère pour l'homme
du peuple , lorfqu'elle fubftitue à l'infamie la fervitude perpétuelle ou pour un
certain temps , qu'elle ne l'eft pour le
Noble dont elle punit le même crime
par l'infamie ; elle ne fait qu'égaler la
peine de l'homme du peuple à celle du
Noble. En puniffant l'un & l'autre par
l'infamie , elle montreroit de la partialité
en faveur du premier ; elle feroit trop
foible , & fa fanction feroit en même
temps injufte & impuiffante. S'il s'agiffoit d'une peine qui caufe une douleur
phyfique , de la mutilation d'un membre ,
par exemple ; dans ce cas , je dirois que
le Noble & l'homme du peuple , coupa-

bles du même délit, doivent y être également foumis. Mais on ne peut pas dire la même chofe des peines d'opinion.

Le Noble préféreroit toute autre peine à l'infamie, & l'homme du peuple feroit un choix contraire. La crainte de l'infamie feroit donc un grand frein pour le premier, & un obftacle très-foible pour le fecond. Il fuit de là, que dans tous les Gouvernemens où une claffe de citoyens, par la nature même de la conftitution, ne peut, ni attacher un grand prix à l'honneur, ni redouter beaucoup l'infamie, les peines de cette efpèce doivent être réfervées pour les autres ordres de l'Etat. Telle eft l'influence de la nature du Gouvernement fur l'emploi de cette peine.

Après avoir déterminé l'influence de la nature du Gouvernement fur le fyftême pénal, voyons celle que doivent avoir fur ce fyftême les circonftances morales, c'eft-à-dire, le génie, le caractère particulier des peuples, & leur religion.

Un peuple eft-il avide, orgueilleux, féroce, laborieux, indolent? fes mœurs font-elles douces ; fa religion lui annonce-t-elle des peines ou des récompenfes dans une vie à venir ; lui permet-elle ce que les lois doivent défendre ; profcrit-elle ce que leurs difpofitions doivent permettre ; ou bien, venant au fecours de ces lois, défend-elle ce qu'elles condamnent ; condamne-t-elle ce qu'elles prefcrivent ? admet-elle la néceffité des actions humaines & la doctrine du fatalifme, ou bien eft-elle fondée fur le fyftême de la liberté ? fait-elle dépendre le pardon des fautes de quelques pratiques purement corporelles ; ou bien, comme la Religion chrétienne, lie-t-elle ce pardon à des moyens de perfection morale, en ordonnant à l'homme vicieux de fe repentir & de fe corriger ? L'ancienne & abfurde doctrine de la métempfycofe eft-elle adoptée par un peuple comme un dogme religieux ? Tels font les objets auxquels le Légiflateur doit faire attention en compofant le code pénal.

Les peines pécuniaires, par exemple, pourront être établies avec le plus grand succès chez un peuple avide ; les peines d'infamie produiront d'excellens effets chez un peuple dont l'orgueil forme le caractère. Solon se servit des peines pécuniaires (1), & Lycurgue des peines d'infamie (2). Les Athéniens, industrieux & commerçans, devoient aimer l'argent; les Spartiates, fiers & orgueilleux, n'estimoient pas les richesses, qu'ils ne connoissoient pas & ne cherchoient pas à connoître ; mais ils redoutoient extrêmement l'infamie.

Dans un pays où l'intérêt est la passion dominante, la plus grande partie des crimes naît de l'amour de l'argent. Dans une Nation dont le caractère est la férocité, la plupart des crimes sont produits par le ressentiment, par la vengeance, par le désir de montrer de la hardiesse & du courage. Là, le Législateur doit enchaîner l'avidité par l'avidité même ; il doit, dans chaque délit qui dépend directement ou indirectement de ce principe, com-

---

(1) Plutarque, Vie de Solon.
(2) Le même, Vie de Lycurgue.

biner la peine pécuniaire avec celle qui est liée à ce délit. Ici, au contraire, il ne peut recourir que très-rarement aux peines pécuniaires, parce que les délits qui naissent de l'avidité de l'argent, doivent être très-rares. Il ne doit pas non plus espèrer que la peine de mort puisse être un frein toujours suffisant contre les crimes qui naissent précisément du mépris de la mort. La peine ne feroit qu'ajouter, dans beaucoup de circonstances, au mérite de l'action, & offrir un aliment nouveau à la vanité & au fanatisme du coupable.

Un peuple est-il laborieux, ou bien aime-t-il le repos & l'oisiveté? Dans le premier cas, on doit beaucoup adoucir le systême pénal. Un tel peuple est d'ordinaire un peuple vertueux. Le travail est le plus puissant obstacle au crime; & la sanction pénale peut, chez ce peuple, avec des peines plus douces, obtenir de plus grands effets. Les Chinois offrent une preuve de cette vérité. Un peuple, au contraire, qui aime le repos & l'oisiveté, se corrompt beaucoup plus facile-

ment ; les peines doivent y être plus
févères ; la condamnation aux travaux
publics y fera de toutes les peines la plus
réprimante, la plus propre au caractère
de la Nation. Cette règle pourroit être
établie chez plufieurs peuples de l'Inde.
Ils ont, comme on fait, tant de penchant
à l'oifiveté, qu'ils regardent l'inaction
abfolue comme l'état le plus parfait,
comme l'objet unique de leurs défirs ; ils
donnent à Dieu le furnom d'*immobile* (1) ;
& les Siamois croyent que le bonheur
fuprême confifte à n'être pas obligé de
faire mouvoir une machine telle que le
corps (2).

Un peuple enfin a-t-il fait de grands
progrès dans la civilifation ? fes mœurs
font-elles douces & fenfibles ? Le code
pénal doit s'adoucir avec elles. Lorfque
les lois font en contradiction avec les
mœurs, ou elles les corrompent, ou on
élude leur févérité.

Peuples de l'Europe, c'eft à la plupart

_______________

(1) *Panamanack*. Voyez Kircher.
(2) La Loubère, Relation de Siam, page 446.

d'entre vous que j'adreſſe cette réflexion. En liſant vos codes criminels, on doit dire que vos mœurs ſont encore aujourd'hui celles de vos barbares aïeux, ou que vos lois ſont en contradiction avec vos mœurs. Vous qui ne parlez que de *délicateſſe* & de *ſenſibilité*; qui goûtez avec tranſport, avec enthouſiaſme tout ce qui eſt doux, tout ce qui eſt aimable ; qui n'avez que des fleurs dans les mains & des chants dans la bouche ; qui courez au théâtre pour y verſer des larmes, pour y livrer votre cœur aux plus tendres, aux plus déchirantes impreſſions de la pitié & de l'amour ; vous avez encore des lois, vous avez encore des peines propres à faire frémir des cœurs de fer. Corrigez donc vos lois, ou ſouffrez que la rigueur en ſoit anéantie par l'impunité, par des jugemens arbitraires ; ou bien retournez à votre ancienne férocité : & ſans doute vos lois, ſi elle ſont exécutées, ne tarderont pas à vous y ramener.

Mais que dirons-nous de la Religion ? Un peuple, dont le ſyſtême religieux admet des peines & des récompenses dans une vie à venir, prononce ces peines contre les crimes que les lois punissent, offre ces récompenses aux actions que les lois prescrivent ; un peuple, dis-je, qui suit une religion si conforme à l'ordre social, peut avoir un code criminel bien plus modéré que tout autre peuple, placé d'ailleurs dans les mêmes circonstances politiques, mais dont la Religion n'admet, ni des peines, ni des récompenses futures ; ou qui établit ces peines & ces récompenses pour des actions qui n'intéressent pas la société ; ou qui défend ce que les lois doivent permettre, & permet ce qu'elles doivent défendre. La religion dominante des Japonois, par exemple, n'admet ni Paradis, ni Enfer. Celle des habitans de Formose annonce un lieu de tourmens, après la vie, destiné pour ceux qui n'ont pas fait des courses tout nus dans certains mois de l'année, qui se sont vêtus de toile & non de soie, qui ont pêché des coquilles, qui ont entrepris une affaire sans consulter le chant des oifeaux (1). Dans la religion des Tartares , fous Gengiskan , c'étoit un péché de mettre un couteau dans le feu , de frapper un cheval avec fa bride , de rompre un os avec un autre os ; mais on regardoit comme une action indifférente , de violer la foi de fes promeffes , de s'emparer du bien d'autrui , de commettre une injure , & même de tuer un homme (2).

La religion des habitans du *Pégu* condamne au contraire avec févérité l'homicide , le vol , l'impudicité ; elle défend de caufer le moindre tort à fon prochain , & ordonne de lui faire le plus de bien poffible. C'eft un article de foi pour eux, que l'on peut fe fauver dans quelque religion que ce foit, en rempliffant ces devoirs (3).

---

(1) Recueil des Voyages qui ont fervi à l'établiffement de la Compagnie des Indes, tome 5 , partie 1^re , page 122.

(2) Relation du frère Jean Duplan-Carpin , envoyé en Tartarie par Innocent IV , dans l'année 1246.

(3) Voyez le Recueil des Voyages cités ci-deffus, tome 3 , partie 1^re , page 63.

Il est aisé de sentir que , toutes les autres circonstances égales d'ailleurs, le code criminel des habitans du Pégu devroit être plus doux que celui des Japonois , des habitans de Formose, & des Tartares. S'il manquoit quelque chose à la force des peines chez le premier de ces peuples, la Religion y suppléeroit ; & ce qui manque à la Religion chez les autres, seroit suppléé par une plus grande sévérité de châtimens.

Si la Religion d'un peuple établit le dogme de la nécessité des actions humaines ; si la doctrine du fatalisme, doctrine née avec le despotisme & la servitude, forme un des articles de sa croyance, il est évident que la Législation doit y être plus sévère, l'administration plus vigilante, & la sanction pénale plus rigoureuse que chez un peuple où la Religion établit le dogme contraire de la liberté. A mesure que les motifs moraux ont moins de force pour éloigner les hommes du crime, les motifs purement sensibles doivent en avoir davantage. Supposer la nécessité des actions humaines , c'est

détruire toute idée de mérite & de dé-
mérite, de vertu & de vice. Un homme,
persuadé de ce principe absurde, ne
trouve en lui aucun frein contre ses passions. Qu'arrivera-t il si les lois ne sup-
pléent à ce défaut de liberté, si la rigueur de la peine ne vient remplacer
le remords?

On éprouvera encore les mêmes dé-
sordres dans un pays où la Religion attache la perfectibilité de l'homme à de
vaines pratiques qui n'ont aucun rapport
avec sa raison. Quelques peuples de
l'Inde, par exemple, croyent que le
Gange possède à un si haut degré la
vertu de sanctifier, que tous les crimes
dont un homme s'est souillé pendant
sa vie, disparoissent à l'instant même
où ses cendres sont plongées dans les
eaux (1).

Qu'importe d'être pendant sa vie méchant ou honnête? Les eaux du fleuve
effaceront toutes les traces du crime; elles
rendront égaux le scélérat & l'homme de

_______________

(1) Lettres Edifiantes, 15ᵉ. Recueil.

bien, & les conduiront tous deux dans le même séjour de délices.

Un peuple chez lequel existe un système de religion si dangereux, a besoin d'un code pénal plus sévère que le peuple dont la religion, toutes choses égales d'ailleurs, n'admet ni peines, ni récompenses dans une vie à venir. Ici, l'homme n'a rien à espérer, rien à craindre après sa mort. La perdre ou la traîner dans l'infortune, est le plus grand de tous les maux. Là, il n'a rien à craindre, mais il a beaucoup à espérer. Or toutes les fois que l'idée d'un lieu de récompenses n'est pas unie à l'idée d'un lieu de tourmens; toutes les fois qu'on espère sans rien craindre, cette certitude d'un bonheur à venir rend l'homme moins sensible à son infortune présente. Il faut donc l'émouvoir par des peines plus grandes & d'un appareil plus terrible; il faut que l'illusion de l'opinion soit corrigée par une plus forte impression sur les sens.

Je ne m'étendrai pas davantage sur des vérités qu'il est inutile de démontrer; mais avant de terminer cet examen, voyons quelle différence il y a entre le dogme de la métempsycose, & celui de l'autre vie des Chrétiens, quant à leur influence sur le code pénal. D'après la distinction de Platon, j'appellerai *métempsycose* le passage de l'ame dans un corps de la même espèce; & *métensomatose*, le passage de l'ame dans un corps d'espèce différente (1).

On sent aisément que chez les peuples où existe cette doctrine antique de la métempsycose, la mort doit inspirer peu d'effroi. La certitude d'animer un nouveau corps, l'espoir de retourner sur la terre pour y jouir d'un sort plus heureux; le souvenir des amusemens de son enfance, des plaisirs de sa jeunesse, qu'on goûtera de nouveau; ces douces illusions viennent consoler l'homme mourant, & lui offrir, avec le terme de ses maux, le commencement de sa félicité. César attribue, avec raison, à cette cause la valeur prodigieuse des Gaulois, & le courage avec lequel ils s'exposoient à la

______

(1) *Plato, lib.* 10, *de legibus.*

mort (1). L'expérience fait voir que les fuicides font plus fréquens dans les pays où cette opinion s'eft établie (2). Le lecteur a déjà aperçu fans doute les conféquences qui doivent naître de ce fait ; il fent que la peine de mort ne devroit pas exifter dans le code pénal d'un peuple qui a adopté le fyftème de la métempfycofe.

Comment juftifier en effet l'ufage de cette peine, puifqu'elle enlève tout à la fois, à un homme, fon exiftence, à l'Etat, un citoyen, à la fociété, un exemple, à la loi, fon efficacité.

Mais, dira-t-on, cette règle ne devroit-elle pas encore être appliquée à un

----

(1) *In primis hoc volunt perfuadere, non interire animas, fed ab aliis poft mortem tranfire ad alios ; atque hoc maximè ad virtutem excitari putant, metu mortis neglecto.* ( *Cæfar. comment. de bello gallico, lib. 6, cap. 13.* )

(2) On fait en Italie avec quel courage le fameux *Sales* reçut la mort à Milan, il y a environ cinq ans ; on fait quelle étonnante quantité de fuicides furent commis à Crémone, depuis le moment où ce fanatique y enfeigna la doctrine de la métempfycofe.

peuple

peuple de Chrétiens ? Leur Religion ne promet-elle pas un bonheur éternel au coupable qui meurt réconcilié avec l'Etre suprême ? Quel effroi peut infpirer à un vrai croyant ce gibet qui va peut-être féparer une vie malheureufe, d'une éternelle félicité ? Je ferai à mon tour quelques objections en réponfe. Qui peut affurer le coupable de fa juftification auprès de Dieu ? Qui peut affurer, lui & les fpectateurs, que fon repentir n'eft pas infpiré par l'effroi d'une mort certaine ? La Religion chrétienne, à côté de la clémence d'un Dieu toujours prêt à pardonner, ne nous montre-t-elle pas fa juftice terrible ? A l'efpérance d'une éternelle félicité, ne joint-elle pas la crainte d'un tourment éternel ? Si un feul moment de réfignation peut racheter une vie toute pleine de crimes, un feul inftant de défefpoir ne peut il pas effacer une longue durée de repentir ? Cette incertitude ne doit-elle pas rendre la mort d'autant plus épouvantable, que les fuites, felon notre croyance, en font plus terribles ? Le Miniftre même de la Religion n'accroît-il pas encore les horreurs du spectacle que le criminel va offrir sur l'échafaud ?

Ces réflexions suffiront, je l'espère, pour montrer que la Religion chrétienne n'ôte rien à la peine de mort, de cette force qu'elle doit avoir pour faire partie du code criminel, lorsque les autres rapports moraux ne s'y opposent pas. Si nous ajoutons que les préceptes de cette Religion sont conformes aux dispositions des lois, nous pourrons conclure de ce que nous avons dit ci-dessus, que le système pénal d'un peuple de Chrétiens peut, toutes choses d'ailleurs égales, être plus modéré que celui de tout autre peuple.

De l'influence des rapports moraux sur le code pénal, passons à l'influence des rapports physiques ; & d'abord parlons du climat.

J'appliquerai ici au système pénal les principes généraux que j'ai établis dans le premier livre de cet Ouvrage, sur le rapport des lois avec le climat (1).

_______________

(1) Voyez le chapitre 14 du tome premier.

L'influence du climat, ai-je dit, sur le physique & sur le moral des hommes, est presque insensible dans les pays tempérés ; elle n'est forte que dans les pays où la chaleur & le froid sont extrêmes. Dans les uns, le climat agit à peine comme cause concurrente ; dans les autres, il agit comme cause principale. Ces régions, par exemple, où un froid excessif engourdit le corps, anéantit toute l'énergie, toute la sensibilité de l'ame, & retarde le développement des facultés morales, pourroient-elles avoir le même code pénal que des pays situés dans un climat doux & tempéré ?

Les mêmes peines y feroient-elles les mêmes impressions ? Pourroit-on, sans injustice, y fixer, à la même époque de la vie, l'âge où un homme est supposé capable de commettre un crime ? Si, parmi nous, où le climat n'arrête pas le développement des facultés morales, la loi exige un âge de dix-huit ans pour condamner le coupable à la peine ordinaire, ne devroit-elle pas

exiger au moins trente ans dans la La-
ponie ou dans le Groenland ? & si les lois
romaines déclarent incapable de fraude,
& par conséquent de crime, l'impubère (1),
c'est-à-dire, l'homme au dessous de quatorze
ans, & la femme au dessous de douze ; les
lois de ces régions ne devroient-elles pas
étendre le droit de l'impuberté au moins
jusqu'à la vingtième année ? Dans un pays
où des neiges amoncelées, des mers & des
fleuves de glace arrêtent toute communication, & forcent des familles entières
de demeurer, pendant huit mois de l'année, ensevelies dans leurs maisons comme
dans des tombeaux (2) ; seroit-il possible de
maintenir les mœurs, l'honnêteté domestique, sans accroître la sévérité des peines destinées à éloigner les hommes de
ces délits que la nature abhorre, mais
que l'habitude & la nécessité de vivre

_______________

(1) *Leg.* 23, §. *excipitur & ille*, *ff. de ædil.*; *leg.*
*impuberem* 22, *ff. ad leg. Cornel. de fals.*; *leg.* 1,
§. *impuberes*, *cod. de fals. monet.*

(2) Voyez les relations des voyages faits en La-
ponie, &c.

enſemble inſpirent & facilitent ? L'ivro-
gnerie, au contraire, ſi dangereuſe dans
d'autres climats, ne devroit-elle pas mériter l'indulgence des lois dans les pays
où un froid exceſſif rend néceſſaire
l'uſage des liqueurs fortes, & où l'abus
de ces boiſſons rend l'homme ſtupide,
& ne le porte pas à des excès, à des
crimes ? Pittacus, qui vivoit dans un climat très-tempéré, ordonna que tout ivro-
gne qui attaqueroit quelqu'un, ſeroit
puni plus fortement qu'un autre agreſſeur.
La raiſon qu'en donne Ariſtote, montre
quelle indulgence les lois devroient avoir
pour ce vice dans les pays froids (1).

La peine de l'exil, même dans le cas
où nous avons cru que l'uſage en ſeroit
très-utile, pourroit-elle être établie dans
un pays où le coupable craindroit d'être

______

(1) *Fuit autem & Pittacus legum opifex.... Lex
autem propria ipſius eſt, ut ebrii ſi aliquem pulſarint,
majore pœnâ afficiantur quam ſobrii ; quia enim plures
ebrii, quam ſobrii contumelioſi ſunt, non reſpexit ad
veniam, quam decet temulentis magis dare, verum ad
id quod conducit. ( Ariſtot. de Republic. lib. 2, in
fine.)*

L 3

rappelé, où il annonceroit à ses concitoyens le bonheur dont il jouit, & l'op-
poseroit à leur propre infortune? La peine
de mort devroit-elle exister dans le code
pénal d'un peuple, où des travaux communs, nécessaires à la conservation de la
société, mais meurtriers pour ceux qui y
sont dévoués, ne peuvent être exécutés
que par des hommes qui ont perdu tout
droit à la vie? Pourroit-on enfin employer
utilement les peines d'infamie chez un
peuple que le climat rend presque stu-
pide, & qui est incapable d'attacher à
l'opinion publique cette force que la communication habituelle peut seule produire
& soutenir?

Telle est l'influence d'un climat très-
froid sur le code pénal. Celle d'un climat
extrêmement chaud n'a pas moins d'étendue & de variété dans ses effets.

J'ai fait voir (1), que si le développement des facultés morales n'est ni arrêté,
ni retardé dans les climats tempérés, il
n'en est pas de même dans les climats

_______________________________

(1) Tome premier, chapitre 14.

très-froids ou très-chauds. Cette difficulté de développement doit donc produire les mêmes effets fur le code pénal d'un pays très-chaud que fur celui d'un pays très-froid.

J'ai montré d'ailleurs que le peu de fenfibilité, la ftupidité, le défaut d'énergie, font également les effets d'un climat très-chaud & d'un climat très-froid (1).

_______________

(1) Cela me paroit évident. Comme le mécanifme naturel de l'homme eft également altéré par l'excès de la chaleur & par l'excès du froid, ces deux caufes phyfiques contraires doivent produire les mêmes effets moraux. Si Montefquieu avoit fait un peu plus d'attention à ce phénomène, il n'auroit pas indiftinétement attribué le courage aux habitans des climats froids, & la lâcheté à ceux des climats chauds. Lorfqu'on parle des climats dont la température eft à peu près la même, les caufes morales & politiques peuvent rendre plus courageux l'habitant du climat plus chaud, que celui du pays plus froid, & réciproquement. L'Hiftoire, qui renverfe avec tant de force le fyftême de Montefquieu, offre des preuves innombrables de cette vérité. Si le climat détruit le courage, l'énergie, la fenfibilité, &c., ce n'eft, à mon avis, que parmi les peuples qui vivent dans des pays extrêmement froids ou extrêmement chauds, où le phyfique, & par conféquent le moral de l'homme, font également altérés & dépravés. Dans les autres régions, ce font les caufes

Les autres modifications du fyftême
pénal, qui naiffent des effets communs à

---

morales & politiques qui produifent ces effets; le climat
n'y influe que d'une manière très-peu fenfible. Rien n'eft
plus fingulier que la manière dont Montefquieu cherche
à fe débarraffer fur ce fujet de la contrariété des faits.
Les Indiens, ou du moins la plus grande partie des
peuples connus fous ce nom, vivent dans un climat
modéré, puifque ce n'eft pas la fituation d'un pays par
rapport au foleil, qui doit feule déterminer la chaleur
ou le froid extrêmes d'un climat, comme je l'ai démontré
dans le chapitre 14 du livre premier de cet Ouvrage.
Montefquieu dit, liv. 14, chap. 3 : « Les Indiens font
naturellement fans courage; les enfans mêmes des Européens, nés aux Indes, perdent celui de leur climat.
Mais comment accorder cela avec leurs actions atroces,
leurs coutumes, leurs pénitences barbares? Les hommes
s'y foumettent à des maux incroyables; les femmes s'y
brûlent elles-mêmes. Voilà bien de la force pour tant de
foibleffe ». Mais il éclaircit tout de fuite cette difficulté :
« Cette même délicateffe d'organes, qui leur fait craindre la mort, fert auffi à leur faire redouter mille chofes
plus que la mort ». Une telle folution fuffiroit peut-
être pour montrer à quelles idées conduit l'amour des
fyftêmes. Le courage confifte-t-il à ne pas craindre la
mort, ou bien à furmonter cette crainte? à ne pas aimer
la vie, ou bien à aimer quelque autre chofe plus que la
vie? Pourquoi le Romain étoit-il fi courageux à la
guerre? eft-ce parce qu'il ne craignoit pas la mort, ou

ces deux climats, doivent donc être les mêmes dans l'un & dans l'autre.

Enfin les mêmes raisons qui attestent l'inutilité de la peine d'exil, de mort ou d'infamie dans un pays très-froid, & la nécessité d'y établir des peines sévères contre les délits domestiques, démontrent que le code pénal d'un pays très-chaud doit recevoir de pareilles modifications. Dans l'un comme dans l'autre, abandonner sa patrie, c'est acquérir toutes les jouissances du bonheur ; dans l'un comme dans l'autre, des travaux publics, infiniment dangereux, ne peuvent être

---

parce qu'il redoutoit plus que la mort, l'ignominie, la perte de sa liberté ? N'y a-t-il que les Indiens qui, craignant la mort, méprisent la vie dans certaines circonstances ? Le guerrier le plus courageux ne ressemble-t-il pas à cet égard à un Indien ? S'il fuit devant l'ennemi, ce n'est pas au climat qu'il faut attribuer sa lâcheté ; c'est à l'indifférence que le despotisme inspire pour la patrie, c'est à la bassesse qui naît de la servitude, c'est à la mollesse que produisent l'abondance & le luxe, c'est à la cruelle certitude d'être constamment opprimé, après la victoire, par l'ancien tyran ; après la défaite, par le nouvel usurpateur.

exécutés que par des criminels qui ont perdu le droit de vivre ; dans l'un comme dans l'autre , toute communication eft interrompue pendant une grande partie de l'année ( 1 ).

Voilà , felon moi , tout ce qu'il eft permis de dire , relativement à l'influence du climat , fur le fyftême pénal. On fent aifément qu'il ne peut y avoir de différence entre les codes criminels de deux peuples , que lorfque l'un habite un climat modéré , & l'autre un climat extrêmement chaud ou extrêmement froid. L'influence directe d'un climat modéré fur le phyfique & fur le moral des hommes , eft tellement affoiblie par le concours des autres caufes morales & politiques , qu'elle ne doit produire aucune modification importante dans les principes généraux du code pénal.

_____________

( 1 ) Si on compare les relations des Voyageurs qui décrivent les mœurs & les ufages des pays exceffivement chauds, avec ceux qui décrivent la manière de vivre des peuples très-feptentrionaux , on verra que ces deux affertions font vraies.

Dira-t-on la même chose des autres
rapports phyfiques d'un peuple? Je parle
de la nature du fol, du genre de fes pro-
ductions, de la fituation, de l'étendue
du pays. Ces objets, comme on l'a vu
dans les deux premiers livres de cet Ouvrage, doivent avoir une grande influence
directe & immédiate fur quelques parties
de la Légiflation; mais auront-ils la même
influence fur le code pénal?

Je dis, une influence *directe* & *immédiate*, parce que fi on confidère ces
objets comme des caufes qui agiffent
fortement fur le génie, le caractère,
la religion, la nature du Gouvernement d'un peuple, ils peuvent avoir une
grande influence *indirecte* fur le fyftême
pénal. Mais mon deffein n'eft pas d'examiner ici cette efpece d'influence. En
effet, fi ces caufes phyfiques contribuent,
par exemple, à donner à un peuple telle
forme de Gouvernement, il eft inutile
de m'arrêter fur cet objet, puifque j'ai déjà
développé les principes qui dépendent
du rapport des peines avec la nature du
Gouvernement. Si elles concourent à

déterminer le génie, le caractère, la religion d'un peuple, ces objets font également étrangers à cette partie de mon Ouvrage, puifque j'ai expofé les principes qui naiffent de leur rapport avec le fyftême pénal. Je ne dois donc m'occuper que de leur influence directe & immédiate; & fi elle eft très-fenfible, comme on l'a vu, dans la partie politique & économique de la Légiflation, il n'eft pas difficile d'apercevoir qu'elle doit être très-légère dans la partie pénale. Voyons à quoi elle peut fe réduire.

Le fol d'une Nation eft-il extrêmement ftérile? la partie du peuple qui s'occupe à le mettre en valeur, eft-elle trop peu robufte, fes travaux font-ils trop couteux? le territoire, en un mot, ne peut-il être défriché que par des hommes condamnés pour leurs délits à une plus grande fatigue & à un moindre falaire? Le Légiflateur, dans un tel pays, devra fe fervir de ces peines, qui, privant l'accufé de fa liberté perfonnelle, l'obligent à réparer par fon travail les maux qu'il a caufés à la fociété par fes crimes. Dans un pays,

au contraire, où la fertilité du fol dif-
penfe de ces opérations ferviles, où les
objets de travaux publics font en très-
petit nombre, le Légiflateur doit ufer
avec réferve de cette efpèce de peine ;
fi elle devenoit très-commune, elle
obligeroit la fociété de nourrir inutilement ceux qui l'ont offenfée, & aug-
menteroit par la peine même les maux
que le coupable a déjà faits par fon
crime.

Un autre pays a des fources de richeffes qu'on ne peut conferver que par le
facrifice de la vie d'une portion de ceux
qui font occupés à les exploiter. Au lieu
de laiffer acheter de malheureux Afri-
cains, pour les conduire à une mort inévi-
table ; au lieu d'entretenir ce commerce
infame, qui dégrade à la fois celui qui
vend, celui qui achete, celui qui eft vendu ;
au lieu de fouffrir que l'on commette,
avec tant d'affurance & fous la protection
des lois, une multitude de vexations hon-
teufes, en un mot, au lieu de fuivre un
ordre de chofes qu'aucun principe de morale, aucun fyftême de religion, aucun

motif d'intérêt public ne peut juſtifier, mais que la ſuperſtition favoriſe dans pluſieurs pays de l'Europe, par ſes abſurdes & déteſtables maximes ; que le Légiſlateur ſubſtitue dans un tel pays à la peine de mort, la condamnation à cette eſpèce de travaux publics ; que l'effigie du coupable, ſuſpendue au gibet, annonce la peine qu'il a méritée , & qu'il ſoit tranſporté dans un lieu où ſa vie, ſacrifiée à celle d'une multitude d'innocens, puiſſe être utile à la ſociété, & épargner à la loi l'injuſtice dont elle ſe rend coupable.

Paſſons à la ſituation & à l'étendue du pays. Quant au premier objet , je ne vois pas , après y avoir bien réfléchi, quelle peut être ſon influence directe ſur le code pénal ; quant au ſecond, je penſe qu'il ne peut fixer l'attention du Légiſlateur que dans un ſeul cas, où il doit avoir la plus grande influence.

Un pays immenſe, ſoumis à un ſeul Gouvernement, eſt habité par pluſieurs peuples qui diffèrent par le génie, le caractère, la religion, le climat : on y trouve tout à la fois, l'avidité, l'orgueil, l'amour du travail, le goût de l'oifiveté. Ici, le climat eft très-froid; là, il eft très-chaud; ailleurs, il eft tempéré : des dogmes & des cérémonies de différente efpèce y forment différentes Religions. En fuppofant que le Gouvernement de cette Nation foit modéré, quel fera le fyftême de fon code pénal? La folution de ce problème eft facile. Ce pays ne peut avoir un feul code criminel, comme il ne peut avoir une feule Légiflation.

Le lecteur, combinant cette folution avec les principes précédens, en apercevra facilement les conféquences; il fe rappellera qu'il exifte en Europe une Nation telle que je viens de la fuppofer. Je me repofe à cet égard fur fon intelligence; & je vais examiner quelle influence directe la profpérité d'un peuple peut avoir fur le code pénal, & quels font les principes qui en découlent.

Si la peine, comme on l'a vu (1), eft la perte d'un droit; & fi les droits

_______________

(1) Voyez le chapitre I. de ce tome.

fociaux font d'autant plus précieux, que la profpérité publique eft plus grande, la même peine deviendra plus fenfible, à mefure que la profpérité d'un peuple s'accroîtra.

Si la juftice détermine les limites de la rigueur des peines ; fi l'on ne peut faire fouffrir au coupable que le degré de mal fuffifant pour empêcher les autres de fuivre fon exemple (1), il eft évident que lorfque les progrès de la profpérité publique ont augmenté, avec le prix des droits fociaux, la rigueur des peines établies, alors le code pénal doit être adouci.

Si une peine égale à dix fuffifoit d'abord pour éloigner les hommes d'un crime, une peine égale à huit produira enfuite le même effet. Avec la même peine dont on puniffoit un délit léger, on pourra punir un délit confidérable, en diminuant proportionnément la première. De plus, à mefure que la profpérité publique s'accroît dans un Etat, les caufes des crimes

_______________

(1) Voyez le chapitre 4, *ibid.*

diminuent.

diminuent. Leur action étant affoiblie, la réaction qu'on doit leur oppofer peut donc, fans danger, être affoiblie à fon tour.

Ces conféquences font auffi fimples que les principes d'où elles dérivent : ce feroit fe défier de la pénétration du lecteur, que de leur donner plus de développement. Je viens d'expofer la théorie difficile du rapport des peines avec les divers objets qui compofent l'état d'une Nation, & j'ai appliqué au code pénal les principes généraux de la bonté relative des lois, déjà établis dans le premier livre de cet Ouvrage. Je paffe maintenant à la théorie des délits ; & après avoir développé les principes qui doivent déterminer le rapport des peines avec l'état politique des peuples, je vais examiner les principes qui déterminent le rapport des peines avec les délits. Voyons d'abord ce que c'eft qu'un délit, & quelle en eft la mefure.

# CHAPITRE XIII.

## Du délit en général.

Toutes les actions contraires aux lois ne font pas des délits ; tous ceux qui les commettent ne doivent pas être appelés coupables. L'action fans la volonté n'eft pas criminelle ; la volonté fans l'action ne doit pas expofer à la peine. Le délit confifte donc dans la violation de la loi, jointe à la volonté de la violer.

La volonté eft cette faculté de l'ame qui nous détermine à agir d'après les mouvemens du cœur & les calculs de la raifon. Le défir excite, la raifon compare, la volonté détermine. Pour vouloir, il faut donc défirer & connoître.

Connoître une action, c'eft en apercevoir le but & les circonftances qui l'accompagnent. Nous appelons donc action volontaire, celle qui naît de la détermination de la volonté, précédée du défir & de la connoiffance du but ;

ainſi que des circonſtances de l'action ; & action involontaire, celle qui naît ou de la violence, ou de l'ignorance (1).

La violence eſt l'impreſſion d'une force étrangère, qui nous entraîne malgré notre volonté ; l'ignorance eſt cet état de l'eſprit qui ne permet d'apercevoir ni le but, ni les circonſtances d'une action. Dans ces deux cas, l'homme qui a violé la loi ne peut être regardé comme coupable.

Faiſons l'application de ces principes, & voyons quelles lois doivent en découler.

Le délit conſiſte, comme je l'ai dit, dans la violation de la loi, jointe à la volonté de la violer. Les perſonnes que la loi doit ſuppoſer incapables de volonté, peuvent donc être regardées comme incapables de commettre un délit.

La volonté, ai-je dit encore, eſt cette faculté de l'ame qui nous détermine à

_________________

(1) *Videntur invita ea eſſe, quæ aut vi, aut ignoratione efficiuntur.* ( *Ariſtot. moral. ad Nicomach. lib. 3, cap. 1.* )

M 2

agir d'après les mouvemens du cœur &
les calculs de la raison. Il fuit de là,
que les perfonnes qui, par la foibleſſe
de l'âge ou un vice d'organifation, n'ont
pu acquérir ou conferver l'ufage de la
raifon, doivent être regardées par la
loi comme incapables de volonté, &
par conféquent de crime. Tels font les
enfans, les imbécilles, les vifionnaires,
les frénétiques. La loi doit donc fixer
l'époque de l'enfance & de la puberté,
par rapport au climat, qui, comme je
l'ai dit ailleurs, accélère ou retarde le
développement des facultés intellectuel-
les de l'homme ; elle doit déclarer l'enfant
incapable de volonté (1) ; elle doit, pour

_______________

(1) Les lois romaines étendent encore cette incapacité
à l'âge voifin de l'enfance. L'impubère, jufqu'à l'âge de
dix ans & demi, c'eft-à-dire, jufqu'à la moitié du
fecond période, ne peut être foumis à aucune peine,
parce que la loi le déclare incapable de fraude. *Leg.
infans*, 12, *ff. ad leg. Corn. de ficariis.* La loi des
Saxons avoit fixé cette époque à douze ans ; les lois
actuelles d'Angleterre l'ont reftreinte au premier période, qui finit à fept ans ; & Blackftone rapporte un
jugement qui condamna à mort deux jeunes gens, l'un
de neuf ans, l'autre de dix. ( Code crim. d'Ang. chap. 2. )

l'âge de puberté , laisser aux Juges du fait le soin de décider si l'accusé a l'usage de la raison (1) ; elle doit enfin soumettre au même jugement le cas de frénésie ou de stupidité (2). Telles sont les dispositions qui naissent de ce principe.

J'ai dit ensuite que pour vouloir, il faut désirer & connoître ; que connoître une action , c'est en apercevoir le but & les circonstances qui l'accompagnent , & qu'une action ne doit être appelée volontaire, que lorsqu'il est possible de trouver cette connoissance dans celui qui agit. De ce principe naît la distinction entre l'*accident* & la *faute*.

L'accident suppose, dans celui qui agit, l'ignorance absolue de la possibilité

---

(1) En Angleterre , ce sont les Jurés qui examinent si l'impubère accusé a l'usage de raison. Cet examen n'a pas lieu avant les sept années révolues, parce qu'il est absous par la loi. Après ce terme, si l'accusé impubère est déclaré par les Jurés capable de fraude, il est condamné.

(2) Comme il ne s'agit ici que de constater un fait , l'examen en doit appartenir, d'après mon plan, aux Juges du fait.

M 3

de l'effet qui réfulte de fon action (1) ; la faute fuppofe un effet différent de celui qu'on s'étoit propofé d'obtenir, mais qu'on favoit pouvoir arriver, parce que l'on connoiffoit toutes les circonftances de l'action (2). On ne peut donc être refponfable de l'accident, on eft refponfable de la faute. Dans l'un, il n'y a point de volonté, puifqu'il y a ignorance ; dans l'autre, il n'y a pas abfolument défaut de volonté, puifqu'il n'y a pas défaut abfolu de connoiffance. Dans l'un, il n'y a

______________

(1) En voici un exemple. Je fuis dans mon enclos, les portes en font fermées, & j'en ai les clefs dans ma poche. J'aperçois un lièvre, je tire un coup de fufil. Le plomb frappe & tue un homme qui s'étoit caché dans cet endroit, & que j'étois fûr de ne pouvoir trouver là. Cet homicide fera purement fortuit ; ce fera une fimple faute, & la loi ne peut me condamner à aucune peine.

( 2 ) Si, pourfuivant un lièvre qui fuit dans une rue, je tire fur lui un coup de fufil qui tue un homme, je commettrai une faute, je ferai coupable d'homicide. Quoique j'euffe pour objet de tuer un lièvre, je n'ignorois pas qu'il étoit poffible qu'un homme paffât alors dans ce lieu. C'étoit une des circonftances de l'action qui devoient me déterminer à laiffer fuir le lièvre, plutôt que de m'expofer au rifque de commettre un homicide.

ni volonté de violer la loi, ni volonté de s'expofer au rifque de la violer ; dans l'autre, il n'y a non plus aucune volonté de violer la loi, mais il a y celle de s'ex-pofer au rifque de la violer.

A mefure que la connoiffance de ce rifque s'accroît, la valeur de la faute augmente, elle s'approche de la mau-vaife foi ; à mefure que cette connoif-fance diminue, la faute s'éloigne de la mauvaife foi, & s'approche de l'acci-dent (1).

De ces principes découlent les règles fuivantes.

Si l'accident ne rend pas coupable, les lois ne peuvent pas le punir ; fi la faute rend coupable, les lois doivent la punir.

Si la faute rend moins coupable que la mauvaife foi, parce que celle-ci ren-

---

(1) Il y a une très-grande différence, comme on l'a vu, entre tuer un homme, lorfqu'on tire fur un lièvre dans un fentier peu fréquenté, & tuer un homme, lorfqu'on tire fur un lièvre qui fuit à travers les rues d'une ville, & à une heure où il y a un grand concours de monde.

ferme la volonté de violer la loi, & qu'il n'y a dans la faute que la volonté de s'exposer au rifque de la violer; la peine de la faute ne devra donc jamais, dans la même action, être égale à la peine de la mauvaife foi.

Si, à mesure que s'accroît la connoif-fance de la poffibilité de l'effet qui naît de l'action, la valeur de la faute augmente, la faute s'approche de la mauvaife foi; & fi, à mefure que la connoiffance de cette poffibilité diminue, la valeur de la faute diminue & qu'elle s'approche de l'accident : il y aura donc différens degrés de faute, & les lois y appliqueront différens degrés de peines.

S'il n'eft pas poffible de déterminer tous les degrés de faute, & qu'il foit injufte & dangereux de laiffer à la volonté des Juges le choix & l'objet de la peine, les lois feront donc obligées de fixer des degrés de faute, auxquels tous les autres puiffent fe rapporter. Ces degrés feront au nombre de trois, *très-grand*, *moyen*, *très-petit*. Elles établiront une règle générale, qui indique aux Juges auquel de ces trois degrés la faute doit être rapportée.

Voici quelle pourroit être cette règle générale. « Lorfque les circonftances de l'action montrent que, dans l'ame de celui qui agit, la poffibilité de l'effet contraire aux lois, qui eft réfulté de l'action, égale ou furpaffe la poffibilité de l'effet qu'il s'étoit propofé d'obtenir, la faute eft *très-grande;* lorfque cette première poffibilité eft moindre que la feconde, mais fans une différence très-fenfible, la faute eft *moyenne;* lorfqu'il y a une très-grande différence entre l'une & l'autre, la faute eft *très-petite* ».

Enfin les Juges, pour déterminer la fanction pénale, diftingueront dans chaque delit (1), outre la peine de la mauvaife foi, celle de la faute *la plus grande,* celle de la faute *moyenne,* celle de la faute *très-petite* (2).

_____________

(1) Je parle des délits qui peuvent fe commettre par *faute,* & non des délits tels que l'affaffinat, le vol, &c.

(2) Suivant mon plan de procédure criminelle, les Juges du fait, combinant les circonftances de l'action

Telles font les règles de Jurifprudence qui dérivent des principes précédens. Pourfuivons cette analyfe.

J'ai dit que les actions involontaires font celles qui naiffent de la violence ou de l'ignorance ; que la violence eft l'impreffion d'une force étrangère, qui nous entraîne malgré notre volonté ; que l'ignorance eft cet état de l'efprit qui ne permet d'apercevoir, ni le but, ni les circonftances d'une action ; que par conféquent les actions contraires aux lois , qui font l'ouvrage de la violence ou de l'ignorance, ne foumettent pas celui qui les commet à la punition des lois. L'application de ce principe eft dans le principe même ; la règle générale qui en découle eft entièrement exprimée dans la conféquence que j'en ai déduite, & il eft inutile de la développer. Mais pourroit-on dire la même chofe dans deux quef-

---

avec ces règles , indiqueroient à quel degré de faute elle doit être rapportée ; & les Juges du droit trouveroient dans la loi la peine fixée pour ce degré de faute. Voyez ce que j'ai dit, tome 3 , chapitre 19 , article 7.

tions auxquelles nous conduit l'énoncé de ce principe incontestable ? Je veux parler des actions qui semblent procéder en même temps de la violence & de la volonté, de l'ignorance & de la connoiſſance. Quant aux premières, qu'Ariſtote appelle *mixtes* (1), il ſuffit de jeter un coup-d'œil ſur les divers événemens de la vie, pour ſentir que l'homme peut quelquefois ſe trouver dans la dure néceſſité de n'avoir à choiſir qu'entre deux ou pluſieurs maux. La préférence qu'il donne à l'un de ces maux, dans de telles conjonctures, dépend, il eſt vrai, de ſa volonté, puiſque, ſelon l'expreſſion d'un Ancien (2), « perſonne ne dérobe ou ne tyranniſe la volonté ». Mais ſa volonté ne l'auroit-elle pas éloigné de ce mal, ſi la néceſſité de ſe dérober à un autre ne l'eût forcé de faire ce choix ? Le Pilote qui voit ſon navire près d'être englouti s'il n'eſt allégé, fait jeter à la mer une partie des marchandiſes. Cette

______

(1) *Ariſtot. moral. ad Nicomach. lib.* 3, *cap.* 1.

(2) Epictète.

action est volontaire (1) ; mais l'auroit-il faite sans la nécessité d'échapper au danger? Si un tyran arme ma main d'un poignard, & me fait annoncer par ses satellites que je dois, ou perdre la vie, ou assassiner quelqu'un, n'est-ce pas cette cruelle alternative qui déterminera mon action ?

Laissons aux Moralistes l'examen des principes relatifs au for intérieur, & contentons-nous de tracer les dispositions de la loi sur cette espèce d'actions.

Trois règles générales suffiront au Législateur pour résoudre tous les cas qui peuvent être compris dans cette question. Je prie le lecteur de se rappeler, que si les lois civiles doivent inspirer la perfection morale, elles n'ont pas droit de l'exiger : elles peuvent donner des martyrs à l'héroïsme, comme la Religion en a donné à la foi ; mais elles ne peu-

_______________

(1) *Nemo enim sponte absolute ( in tempestatibus ) sua abjicit, sed ob salutem tum suam, tum aliorum, omnes, modo mentis compotes sint, facere id videntur. Mistæ igitur hujus modi actiones quum sint, spontaneis tamen magis sunt similes. ( Aristot. ibid. )*

vent, comme elle, punir ceux qui n'ont pas le courage qu'exige un tel effort. Je paſſe maintenant à ces trois règles générales.

1°. Le choix entre deux ou pluſieurs maux égaux n'eſt jamais puniſſable.

2°. Dans le cas de deux ou pluſieurs maux inégaux, le choix du moindre n'eſt pas puniſſable ; mais le choix du plus grand peut être puni, lorſque l'intérêt de l'exiſtence n'y eſt pas mêlé.

3°. Dans le cas de deux ou pluſieurs maux inégaux, dont le moindre porte atteinte à l'intérêt de l'homme obligé de choiſir, la préférence donnée au plus grand n'eſt puniſſable que dans une ſeule circonſtance ; c'eſt lorſque le mal perſonnel qu'on évite eſt très-léger, très-ſupportable ; & celui qu'on choiſit, très-ſenſible & très-préjudiciable à tout le corps ſocial, ou à quelque individu (1).

_____________

(1) Je crois devoir obſerver ici, que, d'après mon plan, l'examen de l'égalité ou de l'inégalité des maux appartiendroit aux Juges du fait, & l'application du

Que le lecteur réfléchisse fur ces règles, & il en apercevra, je crois, la juftice. Je paffe à l'autre queftion relative aux actions qui naiffent en même temps de la connoiffance & de l'ignorance. Tels font les délits commis dans l'ivreffe.

L'homme qui eft dans cet état ne connoît ni le but, ni les circonftances de l'action; mais avant de s'y trouver, il connoiffoit les circonftances & les fuites de cette forte d'excès (1). Celui qui veut la caufe, ne peut nier qu'il ne veuille auffi les effets. L'ignorance de l'homme ivre eft donc abfolument volontaire. Pour me fervir d'une expreffion de l'école, je dirai

principe de Jurifprudence, aux Juges du droit. Ces Juges du fait examineroient encore fi le moindre mal qu'on a évité nuifoit directement à l'intérêt perfonnel de celui qui a été obligé de choifir, & fi cette confidération fuffit pour juftifier fon choix. Le chapitre fuivant éclaircira toutes les difficultés qui pourroient naître fur cette théorie. Nous y diftinguerons trois degrés de *dol* ou mauvaife foi, comme nous avons diftingué trois degrés de faute.

(1) Je prie le lecteur de rapprocher de ces idées ce que j'ai dit au chapitre précédent fur l'ivreffe dans les pays extrêmement froids ; il verra que ce que j'établis ici ne peut avoir lieu dans ces régions.

que quoique la violation de la loi, commife dans l'ivreffe, ne dépende pas d'une
volonté *immédiate*, elle n'en eft pas moins
puniffable. Mais, objecte-t-on, le
fera-t-elle comme un effet de la mauvaife foi, ou bien de la *faute?* Quelle
différence y a-t-il entre la violation de
la loi commife par faute, & cette violation produite par l'ivreffe ou le défordre de la raifon? Dans l'un & l'autre cas,
l'effet de l'action n'eft-il pas éloigné du
but que fe propofoit celui qui agit? Quel
eft celui qui s'enivre pour tuer un homme?
N'eft-ce pas la volonté feule de s'expofer au rifque de violer la loi, qui rend
puniffable l'une & l'autre action? Comment la même caufe pourroit-elle produire des effets différens? Les lois ne
doivent donc prononcer contre les actions commifes dans l'ivreffe, qu'une
peine égale à celles qu'elles ont établies
contre les actions commifes par une *faute*
du *plus haut degré* (1).

---

(1) C'eft ce que nous avons appelé *la plus grande
faute*, & que les Moraliftes appellent *lata culpa.*

Cette conséquence est erronée, parce que le principe d'où elle dérive est faux. Il y a une très-grande différence entre la violation de la loi qui naît de la *faute*, & la violation de la loi qui naît de l'ivresse. Dans la première, l'action qui a produit l'effet contraire aux lois, est indifférente en elle-même ; dans l'autre, il y a un mal dans la cause, il y a un mal dans l'effet. Tirer sur un lièvre qui fuit, est une action indifférente. Cette action devient mauvaise, si je m'expose au risque de tuer un homme. L'abus du vin, la perte volontaire de la raison est un mal véritable : il en entraîne un autre, si, dans l'ivresse, je commets un délit. Dans la violation de la loi, produite par une simple faute, le Législateur ne doit donc punir qu'un seul excès ; dans la violation de la loi, produite par l'ivresse, il doit en punir deux.

Il y a plus ; dans le premier cas, il existe un véritable mal pour la société, mais il n'y a point de scandale : le second cas offre l'un & l'autre. Enfin si l'on réfléchit que cet abus est très-commun ;

qu'il

qu'il eſt utile d'en éloigner les hommes autant qu'il eſt poſſible , qu'il eſt difficile de prouver qu'un coupable n'eſt pas dans l'ivreſſe , & qu'il feroit très-aiſé par ce moyen d'éluder la rigueur des lois, dans les pays où l'ivreſſe délivreroit d'une partie de la peine ; ſi l'on ajoute à cela tout ce que j'ai dit ci-deſſus, il en réſulte, que, loin d'accuſer d'une ſévérité exceſſive les Légiſlateurs qui ont puni de la même peine le crime produit par l'ivreſſe , & le crime produit par le *dol*, il importe d'adopter leurs diſpoſitions à cet égard : la loi pourroit ordonner que la peine fût, dans ce cas, celle du *dernier degré* du dol. Je développerai ceci dans le chapitre ſuivant.

Revenons maintenant à l'idée que j'ai donnée du délit, & voyons s'il n'eſt pas poſſible d'ajouter encore à tout ce que j'ai dit ſur ce ſujet. Si le délit ſuppoſe le con-cours de la volonté avec l'acte, après avoir montré comment la volonté ſe forme, il faut expliquer de quelle manière elle ſe manifeſte.

Il eſt certain que la volonté ſeule ne

peut créer ce qu'on appelle un délit; c'eſt à la Divinité de juger nos penſées & nos affections ; c'eſt à elle de récompenſer notre volonté pour le bien , de punir notre volonté pour le mal, quoique dans les deux cas elle n'ait été ſuivie d'aucun effet. Laiſſons donc à la Religion le ſoin d'arrêter, par ſes menaces, les déſirs ſecrets du crime, & n'exigeons pas des lois ce qui n'appartient qu'à Dieu. La loi ne peut punir l'acte ſans la volonté, ni la volonté ſans l'acte. « Perſonne ne doit ſubir la peine de ſa penſée », dit la Juriſprudence romaine. Ce n'eſt pas dans le code des Tyrans qu'on lit cette maxime (1).

Mais, dira-t-on, eſt-ce l'acte qui renferme une violation de la loi, ou l'acte qui manifeſte la volonté de la violer, que la loi doit punir ? Une ſimple tentative, un effort peut-il entraîner la même peine

______

(1) Marſias ſongea qu'il coupoit la gorge à Denys. Celui-ci le fit mourir, diſant qu'il n'y auroit pas ſongé la nuit, s'il n'y eût penſé le jour. ( Voyez Plutarque, Vie de Denys. )

qu'un délit déjà confommé ? Telles font les queftions qui ont divifé les Jurifconfultes & les Légiflateurs (1) : c'eft par les principes éternels de la juftice & de la raifon que je vais les réfoudre ; je ne ferai que fuivre les principes établis ci-deffus.

Le délit, ai-je dit, confifte dans la violation de la loi, jointe à la volonté. Donc, toutes les fois que la volonté de violer la loi fe manifefte, mais fans l'action prohibée par la loi, il n'y a point de délit. Si je dis, par exemple, à quelqu'un, « je fuis déterminé à tuer un tel, je ne quitterai cette épée qu'après lui avoir percé le cœur, je le pourfuivrai jufqu'à ce qu'il tombe mort à mes pieds », & que ces paroles foient prononcées avec toutes les formalités qu'exige la loi, puis je être condamné comme homicide ?

---

(2) Voyez les opinions contraires de Binkershock & de Cujas, fur la loi 14, *ff. ad leg Cornel. de ficar.*, qui dit : *In maleficiis voluntas fpeƈatur, non exitus.* Binkershoek, *obfervat. lib.* 3, *cap.* 10; & Cujas, *obfervat. lib.* 19, *cap.* 10.

ne m'eſt-il pas poſſible, après de tels propos, de changer de volonté, de devenir l'ami de celui que je déteſtois, le défenſeur de celui que j'avois réſolu de tuer? La loi peut-elle me punir d'un délit que je n'ai pas encore commis (1)?

Si, au contraire, je dis ou j'écris à un aſſaſſin : « Cours, égorge mon ennemi; telle ſomme ſera le prix de ton action; je te la donnerai à l'inſtant même où tu m'apporteras la preuve de ton heureux ſuccès » : ſuppoſons que cet aſſaſſin n'ait pu exécuter ſon projet; ne dois-je pas, la preuve de la commiſſion bien conſtatée, ſubir la même peine à laquelle j'aurois été condamné ſi l'homicide eût été exécuté? Sans doute, je dois la ſubir; car l'acte par lequel j'ai manifeſté ma volonté, eſt en lui-même contraire à la

---

(1) Tout ce que la loi doit faire en ce cas, eſt d'obliger le Magiſtrat chargé de maintenir le bon ordre, de s'aſſurer de ma perſonne juſqu'à ce qu'il m'ait entièrement éloigné de ce projet criminel. Ce ne ſeroit pas là une peine; ce ſeroit un moyen d'empêcher l'exécution d'un forfait.

loi. Dès le moment où j'ai engagé l'affaffin à la violer, je l'ai violée moi-même ; je fuis criminel autant qu'il m'étoit poffible de l'être. Il eft indifférent que mon ennemi meure ou conferve la vie.

On peut dire la même chofe d'une conjuration. Si je manifefte à une ou à plufieurs perfonnes, d'une manière non équivoque, la volonté de tramer une conjuration contre le Gouvernement, le Magiftrat doit s'affurer de ma perfonne, jufqu'à ce qu'il lui foit démontré que j'ai abandonné mon projet ; mais je ne puis être foumis à la rigueur des lois prononcées contre cette efpèce de crime. Si au contraire, dans le filence de la nuit & dans le lieu le plus écarté de ma maifon, j'affemble les conjurés, je leur livre des armes, je reçois d'eux le ferment du myftère & de la fidélité, je fais paffer tour à tour à chacun, fuivant l'antique ufage, la coupe fanglante, fymbole de vengeance & de carnage ; fi, bientôt après, les conjurés font furpris, fi la conjuration fe découvre avant le moment où elle devoit éclater : alors, mes com-

plices & moi, ne ferons-nous pas condamné à la même peine que nous aurions
fubie fi l'attentat eût été exécuté? Dans
le premier cas, je n'ai manifefté ma volonté par aucun acte prohibé par la loi;
dans le fecond, j'ai fait tout le contraire.
Dans le premier cas, la volonté de violer
la loi exifte, mais il n'y a point de violation; dans le fecond, il y a tout à la fois
violation, & volonté de violer. C'eft donc
ici feulement que l'on voit un véritable
crime.

Nous déduirons de ces principes la
règle générale par laquelle le Légiflateur
peut réfoudre tous les cas poffibles renfermés dans cette queftion.

La volonté de violer la loi ne conftitue
le crime, que lorfqu'elle fe manifefte par
l'acte prohibé par cette loi; & c'eft dans
ce feul cas que l'on doit être puni pour
la tentative du crime, comme pour fon
entière exécution (1).

Je vois déjà une foule de Criminaliftes
modernes s'élever contre moi. D'après

-------

(1) Voyez le chapitre premier de ce volume.

vos principes mêmes, me diront-ils, le tort que l'on cause à la société est, sinon la seule, au moins la principale mesure de la gravité du délit (1). Comment pouvez-vous donc avancer qu'il est des cas où la simple tentative du crime doit être soumise à la même peine que l'exécution? la société ne reçoit-elle pas dans ce dernier cas un dommage bien plus considérable?

Cette objection n'est forte qu'en apparence; il suffit, pour la détruire, de la discuter avec quelque attention.

Quel est l'objet de la loi dans la punition du crime? est-ce de venger la société contre le méchant qui vient de lui nuire, ou bien de maintenir la sûreté publique, d'offrir un exemple, un moyen d'instruction? Je l'ai dit; la vengeance est une passion, & les lois en sont exemptes. Mes adversaires sont les premiers à convenir que, dans un état de société perfectionnée, l'objet de la peine ne peut être que la sûreté, l'instruction. Si la

---

(1) Voyez les principes généraux établis dans le chapitre premier.

N 4

peine qui fuit le délit n'eft donc deftinée qu'à garantir la fociété des attentats du coupable, qu'à empêcher les autres de fuivre fon exemple, ces deux motifs de la peine fe trouvent dans la volonté de violer la loi, manifeftée par l'action prohibée par cette loi même. Le coupable a montré toute fa perverfité ; la fociété en a reçu le funefte exemple. Quel que foit le fuccès de l'attentat, les deux motifs de punir n'en exiftent pas moins. La même caufe doit donc produire le même effet, c'eft-à-dire, l'égalité de la peine.

De plus, le délit, comme je l'ai déjà dit (1), eft la violation d'un pacte. A mefure que le pacte eft plus précieux à la fociété, la peine de la violation doit en être plus forte, foit parce que la fociété a un motif plus puiffant de redouter le coupable, foit parce qu'elle a un plus grand intérêt d'éloigner les autres hommes de fon exemple. Dans le cas dont il s'agit, le pacte eft violé, quand même l'effet de l'action n'auroit pas répondu

_______________

(1) *Ibidem.*

aux projets du coupable. Il doit donc être puni de la même manière que s'il eût obtenu le succès le plus conforme à ses vues.

L'évidence de ces principes me dispense, je crois, de les développer. Après avoir déterminé la nature du délit en général, & fixé les principes qui en dépendent, je vais jeter un coup-d'œil sur la mesure des délits ; je parlerai ensuite de la proportion qui doit exister entre les peines & les délits.

# CHAPITRE XIV.

## *De la mesure des délits.*

LES actions contraires aux lois font, comme je l'ai dit (1), les violations des conventions sociales, dont les lois font les formules. L'intérêt de la société est que chacune de ces conventions soit religieusement observée ; mais cet intérêt

____________________

(1) *Ibidem.*

n'eſt & ne peut être le même pour toutes; il eſt plus ou moins grand, ſuivant
qu'elles ont une plus grande ou une
moindre influence ſur l'ordre ſocial.
L'influence du paĉte exprimé par la loi
& violé par le coupable, ſur la conſervation de l'ordre, ſera donc la première
meſure du délit, ou de l'action contraire
à la loi. Ce principe nous indiquera les
degrés des différens crimes ; il nous
montrera, par exemple, la différence
qui exiſte entre l'aſſaſſinat & le vol, entre
le régicide & l'homicide, entre le péculat
& la ſpoliation d'une hérédité. Maïs
nous montrera-t-il auſſi la différence qu'il
y a entre deux violations de la même loi,
accompagnées de circonſtances différentes? Un homme peut en tuer un autre
dans l'impétuoſité de la colère, de ſang
froid, avec plus ou moins de cruauté, &c.;
c'eſt toujours le même paĉte qu'il a violé.
Dans tous ces cas, il enfreint la loi qui
l'obligeoit de reſpeĉter la vie de ſes
ſemblables ; mais eſt-il également coupable, doit-il être également puni ? Si
la meſure du délit doit régler la quantité

de la peine, fi l'objet de cette peine eft
de prévenir la féduction de l'exemple, &
de garantir la fociété de tous les maux
que le coupable pourroit lui faire, en
corrigeant fes inclinations perverfes, ou
en le mettant dans l'impuiffance de nuire,
il en faut conclure, que celui qui a montré
dans la violation d'une loi une méchanceté plus réfléchie, une plus grande
difpofition à violer d'autres lois, doit être
plus févèrement puni que celui qui n'effraye pas la fociété par la même perverfité. Les circonftances du délit peuvent
donc le rendre plus ou moins grave, plus
ou moins puniffable. Mais comment ramener ces circonftances à une mefure
générale ? Tel eft l'obftacle qu'il faut
furmonter. Si, par les circonftances du
délit, nous entendons tout ce qui, dans
le fyftême erroné de notre Légiflation
actuelle, eft compris fous ce nom, nous
chercherons vainement cette règle générale. Nos Légiflateurs n'ayant pas fu
diftinguer les délits par leurs objets, ont
voulu les diftinguer par leurs circonftances; ils ont appelé circonftance d'un

délit, non seulement le fait qui en augmente ou en diminue la valeur, mais
celui qui, d'après le syftême de claffifi-
cation que nous allons tracer, change
la *qualité* & l'efpèce du délit : ils ont,
par exemple, confidéré comme circonftance de l'homicide, l'état politique de
la perfonne tuée. Mais, felon notre plan,
le meurtre d'un Magiftrat & le meurtre
d'un fimple citoyen font deux crimes abfolument différens, & par la qualité, &
par l'efpèce. Il y a ici violation de deux
paêtes bien diftinêts, & non violation
d'un feul, avec des circonftances différentes. Le premier paête a une plus grande
influence fur l'ordre focial que le fecond :
la violation de l'un n'eft donc pas égale
à celle de l'autre. La mefure que nous
avons établie déterminera donc la peine
de l'un & de l'autre.

Le lieu, fuivant notre Jurifprudence,
eft encore une circonftance du délit ;
mais tuer un homme dans un temple, &
le tuer dans un lieu de débauche, c'eft,
d'après notre plan, commettre deux délits
de différente efpèce. Par le premier, on

viole deux pactes; par le second, on n'en viole qu'un. Par celui-ci, nous violons le pacte en vertu duquel nous sommes obligés de ne pas attenter à la vie de nos semblables ; par celui-là, nous violons en outre le pacte qui exige notre respect pour le culte national.

Il faut donc distinguer avec soin toutes ces idées, & ne pas appeler circonstances d'un délit tout ce qui en change la *qualité* & l'*espèce*. Nous ne donnerons ce nom qu'aux choses qui, sans altérer la qualité du délit, le rendent plus ou moins grave, plus ou moins punissable. Sous ce point de vue, il n'est pas impossible de les réduire à une règle générale.

De même que nous avons distingué trois divers degrés de faute , auxquels nous avons rapporté tous les autres, nous pourrons distinguer trois divers degrés de dol dans chaque délit; & comme le Législateur doit, dans chaque délit produit par la faute, fixer, pour chacun de ces trois degrés, une peine différente, il doit fixer aussi une peine différente pour chaque degré de dol. Voici le principe

général par lequel la loi pourroit exprimer l'exiſtence du plus petit, du moyen,
& du plus grand degré de dol, & réduire
à une ſeule règle toutes les circonſtances
aggravantes d'un délit. « Lorſque la cauſe
d'impulſion eſt extrêmement forte, c'eſt-
à-dire, lorſque l'action eſt commiſe dans
l'impétuoſité de la paſſion, le degré de
dol ſera *très-petit* ; lorſque la cauſe d'impulſion eſt foible, c'eſt-à-dire, lorſque
l'action eſt commiſe de ſang froid & avec
réflexion, le degré de dol ſera *moyen* ;
lorſque l'action eſt commiſe ſans motif(1),
ou avec motif, mais d'une manière cruelle,
le degré de dol ſera *très-grand* ».

Suivant notre plan de procédure criminelle, les Juges du fait, rapprochant
les circonſtances du fait des cas indiqués
dans cette règle, décideroient avec quel
degré de dol l'accuſé a commis le délit,
comme nous avons dit qu'ils décideroient

---

(1) Un homme, pour éprouver ſa poudre, tira, il
n'y a pas long-temps, un coup de fuſil ſur un malheureux qu'il ne connoiſſoit pas. Voilà un homicide ſans
motif.

à quel degré de faute le délit doit être rapporté. Les Juges du droit chercheroient enfuite dans la loi la peine prononcée contre ce délit, & relativement à ce degré de dol, de la même manière que s'il s'agiffoit d'une fimple faute (1).

Cette méthode de diftinguer dans les délits la qualité de la gravité, donnera au Légiflateur le moyen de réfoudre toutes les queftions qui concernent les complices de chaque crime. Tous ceux qui ont participé directement ou indirectement à la violation de la loi, feront regardés comme coupables, mais à des degrés différens. Tous ont contribué à la violation de la loi, mais tous n'ont pas montré la même perverfité dans les moyens dont ils fe font fervis. Les Juges du fait décideront donc, par les règles établies ci-deffus, du degré de crime que chacun d'eux a manifefté; & après

---

(1) Le Légiflateur doit, dans la fanction pénale, établir différens degrés de peine, pour les délits produits par une fimple faute, comme pour ceux qui font produits par le dol.

leur jugement, les Juges du droit dé-
cerneront la peine que chaque complice
doit fubir. Voilà le moyen de réduire à
une mefure générale les circonftances
qui peuvent augmenter ou diminuer la
valeur d'un délit. Nous aurons donc deux
mefures; l'une pour diftinguer la valeur
relative de différens délits, l'autre pour
diftinguer celle du même délit, accom-
pagné de circonftances diverfes : l'une
confifte dans le plus ou le moins d'influence qu'a fur l'ordre focial le pacte
que l'on viole, l'autre dans le degré du
dol.

Que le lecteur réfléchiffe fur ces idées,
qu'il les combine avec celles que j'ai
expofées dans le chapitre précédent, &
j'ofe croire que fes doutes s'évanouiront;
il apercevra peut-être la route qui doit
conduire à un bon fyftême de Jurifprudence criminelle ; il verra qu'un code
pénal, d'où le nom arbitraire de *peine
extraordinaire* foit entièrement profcrit,
& où la loi ne permette jamais au Juge
de prendre la place du Légiflateur, n'eft
pas, comme on l'a cru, une inftitution
impoffible ;

impoſſible. Il ſe confirmera dans cette opinion, lorſqu'il verra comment on peut proportionner les peines aux délits.

# CHAPITRE XV.

*De la proportion des peines avec les délits.*

L'INÉGALITÉ des délits indique l'inégalité des peines ; & tout ce que nous avons dit juſqu'ici, montre aſſez combien il eſt néceſſaire de conſerver cette juſte proportion. Mais comment eſt-il poſſible de parvenir à ce but ?

Chacun ſent que la violation d'un pacte doit être ſuivie de la perte d'un droit ; que cette perte doit être proportionnée à l'importance du pacte que l'on viole ; que la violation d'un pacte, accompagnée de circonſtances qui montrent une diſpoſition du coupable à violer d'autres pactes, doit être plus ſévèrement punie que la violation d'un ſeul pacte accompagnée de circonſtances différentes. Chacun ſent enfin que l'individu qui, par un seul délit, viole plusieurs pactes, doit perdre plusieurs droits; que si, par un seul délit, il viole tous les pactes, il doit perdre tous les droits. Si l'on consulte les principes éternels de la justice & de la raison, qui servent de base à l'intérêt social, on apercevra encore la nécessité de cette proportion entre les délits & les peines. Pourquoi donc n'existe-t-il pas un seul code pénal où elle soit établie? Est-ce à l'impossibilité de l'exécution ou à l'ignorance des moyens qu'il faut attribuer ce mal politique? Ouvrons la route, & laissons le lecteur juger lui-même s'il est possible d'arriver au but.

La comparaison suivante préparera au développement de mes idées. Un Architecte veut élever un édifice; il en fait transporter les matériaux sur la place voisine; on les jette là pêle-mêle: l'espace qu'ils occupent est au moins vingt fois plus considérable que l'espace destiné à l'édifice. S'il falloit juger de sa grandeur par les matériaux dont la place est couverte, ceux de la plus misérable habitation annonceroient la demeure d'un Grand, & ceux de la maifon d'un homme riche annonceroient le palais d'un Prince.

Changeons les noms, & nous verrons le même phénomène dans l'édifice politique de la Légiflation criminelle.

Lorfque notre imagination fe repréfente cette fuite innombrable de crimes, dont le mélange confus forme les codes criminels de toutes les Nations, nous fommes fi effrayés de cette maffe énorme, qu'il nous femble impoffible de compofer un code pénal où chaque peine, fixée par la loi, foit proportionnée à chaque délit, à moins de ne donner à ce code une étendue qui alors ne permettroit pas de le mettre en pratique, & qui, loin de diminuer le défordre, ne feroit que l'accroître.

Mais s'il étoit poffible de réduire cette maffe énorme de crimes à quelques claffes diftinguées par les principaux objets auxquels fe rapportent les devoirs fociaux, & de diftinguer dans chaque claffe les délits, fuivant leur *qualité* & leur *gravité*, on verroit alors s'évanouir toutes ces

illufions d'impoſſibilité ou de danger ; &
on fentiroit que , dans le phyſique comme
dans le moral , l'eſprit d'ordre diviſe les
maſſes , & en diſtribue avec choix les
différentes parties.

La violation du pacte conſtitue la
*qualité* du délit ; le degré de faute ou de
dol avec lequel on le viole , forme la
*gravité* du délit. Il faut donc proportionner la peine à la *qualité* & à la *gravité*.

Toutes les différences qui naiſſent de
la *gravité* ont été déjà déterminées par
deux règles générales dans les deux chapitres précédens (1). Nous ne nous en
occuperons donc pas dans la diſtribution
des délits. Il ſuffit que le Légiſlateur
fixe , comme je l'ai dit , ces deux règles ,
dont l'une eſt deſtinée à indiquer le degré
de la faute , & l'autre le degré du dol ;
que pour chaque eſpèce de délit commis
par faute , il établiſſe ſix degrés de peine
proportionnés à trois degrés de faute &
à trois degrés de dol ; & que pour ceux

---

(1) Voyez les deux règles relatives à la faute & au
dol , l'une à la page 185 , l'autre à la page 206.

qui ne font pas produits par une faute, il établiffe trois degrés de peine proportionnés à trois degrés de dol. Cette fimple & facile opération peut feule faire furmonter le plus grand obftacle qui s'oppofe à la perfection du code pénal, & qui confifte dans la difficulté de proportionner la peine aux différens degrés de perverfité avec lefquels un délit peut être commis. Il eft vrai que dans plufieurs cas cette proportion ne pourra avoir une exactitude géométrique; mais elle en aura toujours affez pour qu'on puiffe obtenir l'effet politique & moral que l'on cherche, c'eft-à-dire, pour que l'on ne foit pas forcé d'abandonner à la volonté du Juge le choix & la mefure de la peine, & d'infliger le même châtiment à deux accufés qui, violant le même pacte, ont montré dans leur crime une grande différence de méchanceté.

Nous établirons donc par ce moyen une proportion entre la peine & la gravité du crime; mais la peine doit être proportionnée à la *qualité* & à la *gravité*,

Voyons donc quelle doit être cette pro-portion.

J'ai dit que la violation d'un pacte conftitue la *qualité* du délit, & que la mefure de la valeur de deux délits diffé-rens eft l'influence que l'un & l'autre ont fur l'ordre focial. La proportion entre la peine & la *qualité* du délit eft donc dé-terminée par l'influence qu'a fur l'ordre focial le pacte que l'on viole. Le délit par lequel je viole un pacte qui a une très-grande influence fur l'ordre focial, doit être foumis à une peine plus févère que le délit par lequel je viole un pacte d'une moindre influence. Cette différence de peine, proportionnée à la *qualité* des deux délits, fe combinant avec celle qui naît de la gravité de ces délits, formera la proportion complète. Je m'explique. Suppofons que ces deux délits foient le réfultat d'une faute, c'eft-à-dire, que le Légiflateur doive fixer pour chacun d'eux fix degrés de peine, relatifs à trois degrés de faute & à trois degrés de dol : pour conferver une parfaite proportion entre

la peine du premier délit & celle du
second, il faut qu'au même degré, la
peine de l'un soit plus forte que celle
de l'autre. Par exemple, si la peine du
premier délit, au plus grand degré de
dol, est égale à dix, celle du second,
au plus grand degré de dol, doit être tout
au plus égale à neuf; si celle du premier
délit, au moyen degré de dol, est égale
à neuf, celle du second, au moyen degré
de dol, doit tout au plus être égale à
huit; si celle du premier délit, au moindre degré de faute, est égale à cinq, celle
du second, au moindre degré de faute,
doit être tout au plus égale à quatre; &
ainsi de suite pour les autres degrés intermédiaires. Que l'on réfléchisse à cette
progression, & l'on verra que, sans altérer la proportion établie, la peine d'un
délit, moindre à un degré, peut être plus
forte que celle d'un délit plus considérable à un autre degré. L'homicide, par
exemple, est sans doute un délit plus
grave que le vol. Par l'un, on viole un
pacte plus précieux que par l'autre. La
peine de l'homicide doit donc, au même

degré, être plus forte que celle du vol. Tel est l'objet de la proportion que nous avons établie ; mais cette proportion n'est pas altérée, si la peine du vol commis avec le plus grand degré de dol, est plus forte que la peine de l'homicide commis, ou avec l'un des trois degrés de faute, ou avec le plus léger degré de dol ; parce que la peine, comme nous avons dit, doit se proportionner à la *qualité*, combinée avec la *gravité*.

Il n'est pas difficile de voir, d'après cela, comment l'on peut obtenir une proportion entre les peines & les délits, dans le code pénal. Que le Législateur calcule la quantité relative de l'influence qu'ont sur l'ordre social les différens pactes que l'on viole par différens délits ; qu'il établisse d'abord la peine la plus forte, telle que la perte de tous les droits, contre le délit par lequel on viole tous les pactes avec le plus grand degré de dol ; qu'il passe ensuite aux délits par lesquels on viole quelques-uns des pactes qui ont la plus grande influence sur l'ordre social. Après avoir établi la proportion la plus exacte possible entre la peine de chaque degré du premier délit, & celle de chaque degré du second, qu'il passe aux délits par lesquels on viole un ou plusieurs pactes qui ont sur l'ordre social une influence très-grande, mais moindre cependant que celle des pactes que l'on viole par le second délit; & qu'il conserve, entre la peine du second délit & celle du troisième, la même proportion qu'il a établie entre la peine du premier délit & celle du second; en sorte que la peine de chaque degré du troisième délit soit moindre que la peine de chaque degré correspondant du second; & ainsi, par progression descendante, jusqu'au dernier délit par lequel on viole celui de tous les pactes qui a le moins d'influence sur l'ordre social.

Tout ceci deviendra plus facile à entendre, lorsque le lecteur sera parvenu à l'article de la classification des délits. Mais il est nécessaire de prévenir auparavant quelques objections, & de développer une exception au principe général : ce sera l'objet des deux chapitres suivans.

# CHAPITRE XVI.

*Suite du chapitre précédent.*

Les degrés de peine dont nous avons parlé suffiront-ils pour correspondre à la progression considérable des crimes ? Pourra-t-on toujours soumettre au calcul leur valeur relative, & obtenir la proportion nécessaire ?

Toute cette question peut se réduire à l'examen de trois objets ; le nombre des peines, leur qualité, leur quantité. Le nombre des peines, afin de voir si elles sont susceptibles de classification, comme les délits ; leur qualité, afin de voir si l'on peut conserver une progression entre des peines différentes ; leur quantité, afin de voir si, dans les crimes les plus considérables, on peut établir quelque proportion, sans sortir des bornes de la modération.

Commençons par le nombre des crimes ; &, d'abord, ne dissimulons point à nos lecteurs les difficultés qu'on peut oppofer à notre fyftême : tâchons de les furmonter, & ne croyons pas, à l'exemple de quelques Ecrivains , qu'un ton tranchant & décifif puiffe tenir lieu de l'efprit de difcuffion, & qu'il foit permis de fubftituer, à la profondeur de l'examen , un vain étalage d'expreffions brillantes & équivoques. Nous en impoferions peutêtre à l'ignorance , mais nous ferions rire les gens éclairés.

Si l'on fe rappelle ce que nous avons dit dans le chapitre précédent, fur l'ordre fuivant lequel on doit procéder pour obtenir la proportion entre les délits & les peines , dans le code pénal ; fi l'on fe rappelle ce que nous avons dit & démontré dans les chapitres de cette feconde partie , qui renferment l'analyfe des cinq claffes de peines relatives aux cinq claffes de droits dont un membre de la fociété peut être privé par fes crimes ; fi l'on réfléchit enfin à l'accroiffement prodigieux que peut recevoir le nombre des peines, par leur combinaifon , ou par l'union de plufieurs peines pour un feul délit, lorfque par ce délit on viole plusieurs pactes; on verra qu'il existe un nombre suffisant de degrés de peines pour le vaste plan que nous avons tracé. Je n'ai pas prétendu que chaque action contraire aux lois doive être punie d'une peine différente; car, dans ce cas, toutes les espèces de peines qui existent ne suffiroient pas pour cette immensité de délits. Mais je crois avoir assez développé mes idées à cet égard, pour ne pas craindre qu'on m'attribue une idée si étrange. Je suis si éloigné d'une telle opinion, que, suivant le plan exposé ci-dessus, la peine du plus grand délit, commis avec le plus léger degré de faute, peut être égale à la peine d'un délit beaucoup moins important, commis avec le plus grand degré de dol. L'égalité de la peine détruit la proportion, lorsqu'elle frappe, au même degré, des délits de différente qualité. Si, par exemple, on punit de la même peine l'homicide & le vol, commis l'un & l'autre avec le plus grand degré de dol, l'égalité de la peine anéantira toute proportion. Mais si la peine de l'homicide

commis avec le plus léger degré de dol,
est égale à la peine du vol commis avec
le plus grand degré de dol, la proportion
n'est pas altérée, parce que la valeur du
délit & la proportion de la peine dépendent de la qualité combinée avec la gravité. La même peine peut donc être infligée, pour plusieurs délits, à des degrés
différens; par exemple, 1°. pour un délit
commis avec le plus léger degré de faute;
2°. pour un délit inférieur au premier par
la *qualité*, mais commis avec un degré
moyen de faute; 3°. pour un délit inférieur au second, mais commis avec le
plus grand degré de faute; 4°. pour un
délit inférieur au troisième, mais commis
avec le plus léger degré de dol; 5°. pour
un délit inférieur au quatrième, mais
commis avec un degré moyen de dol;
6°. pour un délit inférieur au cinquième,
mais commis avec le plus grand degré de
dol. Dans tous ces cas, l'emploi de la
même peine ne porte aucune atteinte à
la proportion. La seule peine que, dans
notre système, on ne puisse infliger que
pour un seul délit & à un seul degré,

c'eſt celle dont on doit punir le délit le plus conſidérable, commis avec le plus grand degré de dol. La progreſſion deſcendante des peines doit commencer à ce point, avec la progreſſion deſcendante des délits. C'eſt en quelque ſorte la baſe d'un cône, dont le diamètre eſt plus grand que celui de tout autre cercle décrit ſur ſa ſurface.

Si, après avoir montré qu'il eſt moins difficile qu'on ne le croit de trouver une proportion entre les peines & les délits, je développe tous les moyens que l'on peut employer pour y parvenir, la première difficulté relative au nombre des peines s'évanouira bientôt.

Je ne répéterai point ici tout ce que j'ai dit dans les chapitres de cette ſeconde partie, où j'ai expoſé les différentes eſpèces de peines dont l'autorité légiſlative peut faire uſage, ſans ſortir des bornes de la modération (1). On y a vu que le nombre des peines, conſidérées ſéparément, eſt beaucoup moins conſidérable

_______________

(1) Voyez les chapitres 7, 8, 9, 10, 11, 12.

qu'il ne paroît l'être au premier aspect.

Mais ce nombre peut encore être augmenté par les combinaisons des peines. Je dois ajouter ici le développement de cette idée aux principes que j'ai établis plus haut.

Nos Législateurs ont réuni les peines lorsqu'il falloit les séparer, & les ont séparées lorsqu'il falloit les réunir. Par cette fausse opération, ils ont doublement diminué les moyens de punir. On a joint, par exemple, l'infamie au plus grand nombre des peines. Chez quelques peuples, on l'a unie à l'exil, soit de la patrie, soit d'un lieu particulier, au transport dans les Colonies, aux galères, à toute espèce de condamnation aux travaux publics, à la mort civile ou naturelle, aux peines pécuniaires. Que le délit soit ou non infamant de sa nature, qu'il soit atroce ou léger, il suffit d'être soumis à quelqu'une de ces peines, pour encourir l'infamie de droit.

On sent aisément que cette méthode a dû, non seulement rendre inutile la combinaison des deux peines, mais affoiblir la valeur de l'infamie. Elle a rendu inutile cette combinaison, parce que l'infamie prononcée par la loi est un effet de la peine, au lieu d'être une suite du crime; elle a affoibli la force de l'infamie, parce que, comme nous l'avons démontré (1), lorsque cette peine n'est pas destinée aux seuls délits qui sont infamans de leur nature, lorsqu'on multiplie trop le nombre des gens infames, lorsqu'on prononce cette peine contre les classes de la société qui ont une foible idée de l'honneur, elle ne produit aucun effet.

J'ai dit que les Législateurs, non seulement ont réuni les peines lorsqu'il falloit les séparer, mais qu'ils les ont séparées lorsqu'il falloit les réunir. La seconde partie de cette proposition ne me paroît pas moins vraie que la première.

Pourquoi trouve-t-on dans quelques codes criminels de l'Europe des peines dignes du génie infernal des tyrans les

––––––––––––––––––

(1) Voyez le chapitre 7.

plus

plus atroces? Pourquoi, dans les peines de mort, épuise-t-on, suivant la différence des délits, tous les genres de tourmens sur la malheureuse victime de la loi, avant de l'immoler à la tranquillité publique? C'est, dira-t-on, parce qu'il est nécessaire de mettre une différence entre les peines de deux délits, dignes l'un & l'autre de la mort, mais inégalement funestes à la société. Je le demande encore : ne pourriez-vous obtenir le même effet sans recourir à ces actes de férocité, sans soulever contre la loi l'ame du spectateur, que vous vous proposez non de corrompre, mais d'instruire? croyez-vous que l'union de plusieurs peines ne suffiroit pas pour produire cet acte de justice? Ne pourroit-on, par exemple, condamner à la mort le moins coupable de ces deux criminels, & prononcer contre l'autre, outre la peine de mort, des peines qui peuvent se combiner avec elle? Pourquoi séparer dans ces cas des peines qu'il étoit utile de réunir?

Il y a plus; on a séparé la peine de la

marque du fer chaud, de la perte perpétuelle de la liberté; on a permis à un homme infame, qui porte sur son corps le signe du crime & de l'ignominie, de retourner auprès de ses semblables ; on rend à la société un homme digne d'exécration, & qui désormais ne se servira de ses bras que pour attenter à la sûreté publique. Il est aisé de voir qu'il falloit, ou proscrire entièrement cette peine du code pénal, ou ne la destiner qu'à ces crimes où elle peut se combiner avec la mort, ou avec la perte perpétuelle de la liberté. L'homme condamné aux travaux publics, quirecouvre sa liberté après avoir expié son crime, peut devenir un homme de bien; il peut espérer que le temps effacera le souvenir de ses premiers délits, & qu'un nouveau genre de vie lui ouvrira le chemin de la fortune, peut-être même de la gloire. Mais ce doux espoir peut-il naître dans l'ame d'un malheureux que le fer chaud a dégradé pour toujours? Voyez-vous comme il tremble sans cesse que le secret de son crime & de son infamie ne soit découvert; comme il frémit à la seule idée de l'horreur que doit exciter ce funeste événement ? Pourra-t-il, de cet excès d'opprobre, s'élever au courage de la vertu ? Il regarde, & il voit toutes les routes de la fortune & de l'honneur fermées pour lui. Repoussé de tous côtés par le sentiment de sa honte, par le mépris, par l'indignation publique, il a perdu tous les moyens légitimes d'exister : il ne lui reste d'autre ressource que de déclarer la guerre à cette société dont il n'a rien à espérer ; il n'a plus d'autre parti à prendre que de chercher dans le crime une subsistance, une célébrité même qu'il lui est défendu d'obtenir par ses vertus ? Rendre la liberté à de telles conditions, c'est déchaîner un tigre féroce. Il falloit donc, ou abolir cette peine, ou la combiner avec l'esclavage perpétuel, ou avec la mort (1).

_______________

(1) Le lecteur trouvera peut-être une contradiction entre ce que je dis ici, & ce que j'ai dit au chapitre 25 du Tome second, page 296, sur la peine de la banqueroute frauduleuse : mais c'est moins une contradiction, que la correction d'une idée dont je démontrerai la fausseté dans le cours de ce Livre.

Sans nous arrêter plus long-temps sur ce qu'on a fait, voyons ce que l'on devroit faire.

L'union des peines doit avoir deux objets ; multiplier les moyens de punir, & faciliter la proportion entre ces moyens & les délits. Pour parvenir à ce double but, le Législateur ne doit donc jamais réunir inutilement deux ou plusieurs peines. Si, par exemple, la peine de mort suffit pour punir l'homicide au plus haut degré de dol, pourquoi, dans ce cas, unir la mort à l'infamie. Cet homicide est toujours inférieur à l'homicide au même degré, joint au vol ; & ce double délit, joint à la concussion, offre un troisième délit encore plus considérable. Que l'on décerne donc contre le premier une mort non infamante ; que pour le second, l'on joigne à la mort la marque du fer chaud ; & pour le troisième, à la mort & à l'infamie, une peine pécuniaire : voilà comment on peut réunir les peines. Sans cette économie, si je puis me servir ici de cette expression, il faudroit, pour conserver la proportion entre les peines &

les délits, imaginer un nouveau genre de supplice épouvantable par sa férocité. Ce que j'ai dit de la peine de mort, on peut le dire encore des autres peines qui peuvent se combiner entre elles. Pourquoi réunir si inutilement la perte de la liberté & l'infamie ? Pourquoi ne pas distinguer les cas, c'est-à-dire, les délits dans lesquels on doit joindre ces deux peines, de ceux qui pourroient être expiés par la première ? Ne suffiroit-il pas au Législateur de changer les noms des peines & d'en altérer un peu les formes, afin de corriger les préjugés de l'opinion ? ne lui suffiroit-il pas de séparer l'infamie de ces peines qui aujourd'hui se trouvent liées à elle, & de les y réunir dans les cas seulement où cela seroit nécessaire ? ne pourroit-il pas combiner la peine pécuniaire avec la perte de la liberté, dans les cas où cette dernière peine , trop foible en elle-même, ne devroit pas cependant être jointe à l'infamie (1) ?

_______________

(1) Qu'on ne m'oppose pas ici le systême des Législations anciennes, qui ne joignoient pas la peine pécu-

Ces peines pécuniaires ne pourroient-
elles être unies à la perte éternelle ou

niaire à la peine afflictive ? *Moderata populi judicia*, dit Cicéron, *funt à majoribus conftituta, primum ut pœna capitis cum pecuniâ non conjungatur.* ( *Cicero. pro domo fuâ.* ) Démofthène nous a tranfmis une ancienne loi des Athéniens, femblable à celle des Romains. *Pœnæ plures ne inrogantor, quamcumque inflixerint judices, luendam five in corpore, five in œre ; utramque fimul ne inroganto.* Les lois des barbares, dont nous avons parlé, renferment toutes les mêmes difpofitions. Sans doute, lorfque les peines pécuniaires ne font que des commutations de peines afflictives, il ne faut pas les réunir à celles-ci. Mais, dans notre fyftême, les peines pécuniaires font infligées fous ce nom. L'alternative, *luat in corpore, aut in œre*, ne doit pas exifter dans le code d'un peuple éclairé. Le motif des lois anciennes fur ce fujet ne fubfifte donc plus. A Rome même, lorfque le progrès des lumières eut fait difparoître les dernières traces des commutations pécuniaires, les Juges coupables de corruption furent condamnés par les lois à la perte de leurs charges, à l'ignominie, & au quadruple de ce qu'ils avoient reçu. ( *Leg.* 1, *cod. ad leg. Jul. repetund.*; & *leg.* 3, *cod. eod* ). Les Empereurs Arcadius & Honorius établirent, contre le crime d'intrigue, de cabale ( *ambitus* ), la confifcation de tous les biens & la déportation. ( *Cod. Theod. de ambitu* ). On puniffoit même de ces deux peines à la fois le rapt des filles qui s'étoient confacrées à Dieu. ( *Leg.* 2, *cod. Théodof. de rapt. vel matr.* )

momentanée des prérogatives de la cité ,
à l'exclufion des charges & à quelque
autre efpèce de peine , dans tous les
délits produits par l'avidité , & contre
lefquels la peine pécuniaire eft infuffi-
fante ?

Il eft aifé de voir que les moyens de
punir deviendroient , par cette combinaifon , quatre fois plus nombreux. Soit
que l'on réfléchiffe à l'ordre fuivant
lequel on doit établir la progreffion des
peines , pour mettre de la proportion
entre elles & les délits ; foit que l'on ob-
ferve les moyens de punir & toutes leurs
combinaifons, on verra donc s'évanouir la
première difficulté fur le *nombre* des peines. Je paffe à la feconde , relative à leur
*qualité* , & j'efpère la réfoudre beaucoup
plus aifément.

Comment conferver, me dira-t-on, la
progréffion entre des peines différentes
de leur nature ? comment foumettre au
calcul la valeur relative des peines pécuniaires, des peines afflictives, infamantes,
de la peine de mort ? Il eft facile de fixer
cette progreffion dans une même claffe

de peines, parce que l'on compare des quantités femblables. La fimple privation, par exemple, de la liberté perfonnelle eft certainement inférieure à la condamnation aux travaux publics, & cette condamnation pour un an eft inférieure à une condamnation pour deux. Mais comment peut-on conferver cette progreffion, lorfque l'on paffe d'une claffe de peine à une autre ? Telle eft dans toute fon étendue la feconde difficulté. Voici ma réponfe.

J'ai dit que la peine eft la perte d'un droit. Tous les droits ne font pas également précieux ; & le même droit n'a pas le même prix chez tous les peuples. Je crois avoir démontré cette vérité. Il fuit de là, que le Légiflateur ne doit faire autre chofe que calculer le prix relatif que fon peuple attache aux différens droits, pour déterminer la valeur relative des peines. Il n'eft pas poffible, dans un ouvrage de Légiflation générale, de déterminer cette valeur, qui varie, comme on l'a vu, avec les circonftances politiques, phyfiques, & morales des peuples : on ne peut qu'établir les principes généraux qui doivent guider le Légiflateur dans cette opération. C'eft ce que je crois avoir fait dans les chapitres précédens, avec affez de clarté, pour n'être pas obligé de donner ici plus de développement à mes idées (1).

Je paffe à la troifième difficulté relative à la *quantité* des peines. Il faut chercher ici comment on peut fixer une proportion dans les plus grands crimes, fans fortir des bornes de la modération.

Rappelons-nous d'abord une vérité énoncée ailleurs, & qu'il eft important d'établir ici. Dans chaque peine, ai-je dit, il y a une valeur abfolue & une valeur d'application : l'une dépend du prix qu'attachent les individus d'une fociété au droit que l'on perd par cette peine ; l'autre dépend de l'ufage qu'on en fait, c'eft-à-dire, du délit contre lequel elle eft établie. De ces deux valeurs combinées, réfulte la force, la puiffance des peines. Pour mettre cette idée

---

(1) Voyez le chapitre 11 de ce Tome.

dans tout fon jour, prenons l'exil pour exemple.

Dans un Gouvernement populaire, l'exil de la patrie, comme je l'ai obfervé, eft une peine très-forte. Le prix que chaque citoyen attache au droit qu'on perd par cette peine, eft très-grand; il exprime la valeur de la fouveraineté.

La peine de l'exil, dans un Etat démocratique, pourra donc être en proportion avec des crimes très-graves, mais dans le cas feulement où on ne l'appliquera qu'à cette efpèce de crimes. Si la loi venoit à y foumettre de légers délits, elle lui feroit perdre toute fa force, elle ne pourroit plus s'en fervir contre de grands attentats, elle feroit obligée de chercher une peine nouvelle. La valeur abfolue de l'exil feroit donc affoiblie par la valeur d'application qu'on lui auroit donnée. Le citoyen, accoutumé à la voir infliger à des hommes coupables de délits peu importans, la regarderoit comme peu douloureufe; car telle eft la nature de l'homme, que tantôt il juge de la valeur de la caufe par celle des

effets, & tantôt de la valeur des effets
par celle de la caufe. L'obfervation démontre cette vérité.

Il n'eft donc pas étonnant que la plupart des Légiflateurs aient trouvé le
cercle des peines modérées trop refferré
pour leurs fyftêmes particuliers, & qu'ils
aient eu recours à la plus horrible férocité
dans la punition des forfaits contre lefquels ils vouloient infpirer de l'effroi.
S'ils euffent connu l'art de combiner
dans chaque peine la valeur abfolue avec
la valeur d'application, ils auroient protégé l'humanité, au lieu d'en violer les
droits. Eft-il étonnant, par exemple,
que dans le pays le plus éclairé de l'Europe, au milieu d'une Nation où l'efprit
d'humanité a fait les plus grands progrès,
où les mots de délicateffe, de fenfibilité
font dans la bouche de tout le monde,
on ait condamné l'affaffin du dernier Roi
à un fupplice atroce, dont les annales
des Tibère, des Néron, & des autres
monftres qui épouvantèrent l'Empire
romain, n'offrent aucun exemple ? Il
fuffit de fe rappeler que dans ce pays,

un simple vol de quelques sous, commis
sur un grand chemin ou dans une maison
avec effraction, est puni de la peine de la
roue (1); qu'un vol domestique, sans violence, est puni de mort (2); qu'une jeune
fille y est condamnée à expier sur un infame gibet le crime de l'amour & de l'honneur (3); qu'un Contrebandier, à main
armée, y doit payer sur l'échafaud les modi-
ques profits qu'il a voulu dérober à l'infer-
nale rapacité des hommes les plus riches
de l'Etat (4); & sans doute, en considérant
l'abus qu'on a toujours fait chez cette
Nation de la peine de mort, il ne paroîtra pas surprenant qu'on y ait épuisé
toutes les inventions de la férocité la

---

(1) Ordonnance de François I<sup>er</sup> de 1534.

(2) Déclaration de Louis XV de 1724.

(3) Voyez l'Edit de Henri II de 1556, qui ordonne
que toutes les femmes qui auront célé leur grossesse &
leur accouchement, & dont les enfans seront morts sans
avoir reçu le Baptême, seront présumées coupables de la
mort de leurs enfans, & condamnées au dernier supplice.
Une Déclaration de Louis XIV de 1708 en a renouvelé
l'exécution, & cette loi est toujours en vigueur.

(4) Voyez l'Ordonnance de 1681 & la Déclaration
de 1729.

plus raffinée, pour punir le plus horrible des attentats. La première erreur devoit nécessairement amener cet acte nouveau de barbarie.

Si l'on veut, pour ainsi dire, faire couler tout le sang pour de légers délits, il n'en restera plus pour la punition des grands forfaits; si l'on inflige la peine de mort contre des délits que la nature & l'honneur paroissent excuser, quels supplices faudra-t-il établir contre ceux qui les violent l'un & l'autre? comment punira-t-on un assassinat atroce, un parricide, un régicide par lequel on viole tous les pactes? Faudra-t-il que la férocité vienne remédier au premier abus qu'on a fait des peines? Que l'on corrige donc ce vice monstrueux de la Législation, que l'on diminue les peines des délits légers, & l'on n'aura pas besoin d'appeler la cruauté au secours de la loi, dans les délits très-graves. Les peines se proportionneront aux crimes de toute espèce; la progression des unes suivra la progression des autres; la perte de tous les droits suffira pour punir la violation de tous les pactes : ce sera la peine du plus grand délit.

Après avoir éclairci tous les doutes qui pouvoient s'élever contre mon syſtême, je vais parler, le plus ſuccinĉtement poſſible, de l'exception que j'ai annoncée plus haut.

# CHAPITRE XVII.

### Exception.

Une règle ne peut jamais être détruite par une exception. Ce principe, reçu dans toutes les Sciences, doit être encoré plus particulièrement admis dans celle de la Légiſlation, de toutes la plus difficile & la plus compliquée.

J'ai dit que la valeur du délit eſt déterminée par la *qualité* combinée avec la *gravité* ; que la qualité du délit dépend de la nature du paĉte que l'on viole ; que la meſure de la *qualité* eſt l'influence de ce paĉte ſur la conſervation de l'ordre ſocial ; enfin que la peine devant être proportionnée à la valeur du délit, il en réſulte qu'entre deux délits d'égale *gravité*, mais de *qualité* inégale, la peine de celui par lequel on viole un pacte qui a une plus grande influence fur l'ordre focial, doit être plus forte que celle du délit par lequel on viole un pacte d'une moindre influence. Telle eft la règle générale. Voyons quelle en fera l'exception.

Qu'on jette les yeux fur le nombre immenfe des crimes, & l'on verra que quelques-uns font très-fecrets de leur nature, très-difficiles à découvrir, & encore plus difficiles à prouver. L'efpoir de l'impunité devant donc être beaucoup plus grand dans ces délits, la peine aura relativement beaucoup moins de force. Que doit faire le Légiflateur dans cette circonftance? S'il exige des preuves moins complètes, il pourra corriger le mal, mais par un mal plus terrible encore ; il expofera l'innocence à une foule de dangers, il attaquera la liberté civile, il enhardira la calomnie. Le moyen que je propofe ne produiroit aucun de ces inconvéniens. Il fuffiroit d'altérer un peu la proportion entre la peine & le délit, d'interrompre le cours de la progreffion, de condamner le délit plus secret d'une moindre *qualité*, à la peine établie contre le délit moins secret d'une *qualité* plus considérable, d'accroître assez la rigueur de la peine, pour qu'elle puisse balancer la plus forte espérance d'impunité qui y est jointe; voilà le moyen très-simple dont un sage Législateur pourroit se servir pour donner à la sanction pénale de ces délits une force qui, sans augmenter beaucoup la rigueur de la peine, détruiroit la facilité de les commettre. Cette exception, comme l'on voit, ne fait que suspendre la règle générale pour cette espèce de délits. Nous en parlerons dans la suite, mais sans en faire une classe particulière; & c'est là que nous montrerons jusqu'où doit s'étendre l'usage de cette exception. Le lecteur, pour apercevoir les principes sur lesquels elle est fondée, n'a besoin que de se rappeler ce que j'ai dit sur l'objet général des peines. Je vais passer maintenant à la division des crimes; & afin de mettre plus d'ordre dans ces recherches, je donnerai d'abord une idée générale des délits publics & des délits privés.

CHAPITRE

# CHAPITRE XVIII.

*Des délits publics & des délits privés.*

APRÈS avoir rétabli l'ancienne liberté d'accuſer, il faudroit rétablir auſſi l'ancienne diſtinction entre les délits publics & les délits privés. Nous ſavons que chez les Grecs & les Romains, on diſtinguoit par ces deux noms les délits dont chaque citoyen avoit le droit d'être accuſateur, & ceux qui ne pouvoient être pourſuivis que par la partie offenſée, ou ſes plus proches parens (1).

Quoique chaque délit ſoit public de ſa nature, puiſqu'il eſt la violation d'un

_______________

(1) Voyez, pour les Athéniens, *Plutar. in Solon. Iſocrates, contrà Lochitam ; Pollux, lib.* 8 ; *Sigonius, de Republ. Athenienſ. lib.* 3, *cap.* 1 ; *Potter, archæologia græca, lib.* 1, *cap.* 20 & 24. Pour les Romains, *Domat,* Droit public, livre 3, *introduct.* ; *Mathæi Prolegomena, ad comment., &c., cap.* 4, §. 8 ; *inſtitutionum, lib.* 4, *tit.* 18, §. 1.

Tome IV.                    Q

pacte garanti par la société tout entière; on ne peut nier cependant que la société n'ait plus ou moins d'intérêt à voir remplir les obligations que chaque citoyen contracte avec elle & avec ses membres. Dans les délits qui intéressent peu la société, si la partie offensée veut pardonner au coupable, la société peut en permettre l'impunité; mais une pareille tolérance seroit dangereuse dans les autres délits. Ici, la société doit punir, lors même que l'offensé pardonne : c'est une guerre publique qui prend la place d'un combat particulier. Chaque citoyen, indirectement intéressé à la punition de ce crime, doit avoir le droit d'employer les armes de la loi contre le citoyen qui l'a violée; & si la partie offensée garde le silence, si aucun citoyen n'ose appeler le coupable en jugement, alors le Magistrat accusateur doit se présenter, pour prévenir l'impunité que le silence de l'offensé & de ses concitoyens assureroit au coupable. Tel est le principe qui sert de base à la distinction des délits *publics* & des délits *privés*. Dans les uns, chaque

citoyen qui , felon notre plan (1) , ne
feroit pas privé par la loi de la liberté
d'accufer , auroit le droit d'être accufa-
teur ; dans les autres , ce droit n'appartiendroit qu'à la partie offenfée , ou à
fes proches parens. Mais quels délits
feroient compris dans ces deux claffes ?
Nous ne pouvons , fur cet objet , fuivre
les traces des Légiflations anciennes : la
différence de la nature des Gouvernemens , de la Religion , des mœurs , &
des circonftances politiques des peuples ,
ne le permet pas. Plufieurs délits qui
alors devoient exciter toute la vigilance
des lois , n'exiftent plus parmi nous ; &
des délits inconnus aux Anciens ont
pris la place des premiers , dans nos
codes criminels. Mais fans tracer ici une
longue lifte des délits qui pourroient être
renfermés fous chacun de ces titres , je
comprendrai dans la claffe des délits
publics , tous ceux que , fuivant l'ufage
général de l'Europe , la partie publique ,
ou le Magiftrat qui repréfente la fociété ,

_______________

(1) Voyez les chapitres 2 , 3 & 4 du tome 3.

peut en fon nom pourfuivre devant les Tribunaux ; & je ferai entrer dans la claffe des délits privés , ceux que la partie publique ne peut pourfuivre fans la plainte & la réquifition de la partie offenfée, comme les injures de paroles, les voies de fait légères, & d'autres délits peu importans que la fociété n'a qu'un très foible intérêt de faire punir.

Il eft temps de paffer à la divifion des délits qui doit déterminer la divifion des peines.

# CHAPITRE XIX.

*Divifion générale des délits.*

JE crains d'ennuyer le lecteur par cette divifion très-détaillée des crimes ; mais fans cet ordre, mon fyftême feroit imparfait, & je ne pourrois efpérer aucune utilité de mon travail. Avec cette méthode, je crois pouvoir porter une nouvelle lumière dans cette partie de la Légiflation ; je crois pouvoir montrer la poſſibilité de former un code pénal, où chaque délit ſe lie à une peine qui lui ſoit proportionnée, & fixée par la loi.

Ce chapitre eſt deſtiné à réduire à certaines claſſes les délits, relativement à leurs *objets*.

La Divinité, le Souverain, l'ordre public, la confiance publique, le droit des gens, l'ordre des familles, la vie des citoyens, leur dignité, leur honneur, leur propriété particulière, forment les objets de nos devoirs ſociaux, & par conſéquent de nos délits.

*Claſſes des délits.*

I. Chaque individu a des devoirs à rem- plir envers la Divinité, comme homme : il en a comme citoyen. Les lois civiles doivent preſcrire ceux-ci, & ne pas ſe mêler des autres : les devoirs du citoyen conſiſtent dans le reſpect pour le culte na- tional. Toutes les actions contraires à ce reſpect ſont compriſes dans la première claſſe des délits. Nous la diſtinguerons par le nom de *délits contre la Divinité.*

Q 3

II. Il n'y a point de société sans une constitution, & sans une personne morale qui représente la souveraineté. Chaque citoyen contracte en naissant l'obligation de ne point nuire à cette constitution, à cette personne morale. Tous les attentats *directs* (1), soit contre la constitution, soit contre le représentant de la souveraineté, feront compris dans la seconde classe, que nous appellerons des *délits contre le Souverain*.

III. Dans le nombre des obligations que chaque citoyen contracte avec la société, il en est qui n'ont directement pour objet, ni le Souverain, ni la constitution du Gouvernement ; mais qui intéressent, d'une manière indirecte, le corps social, considéré collectivement : ce sont celles qui naissent des lois desti-

______

(1) Je dis les attentats *directs*, parce qu'autrement tout abus d'autorité de la part d'un Magistrat, toute désobéissance aux ordres du Souverain, de la part d'un citoyen, seroient compris dans cette classe. On pourroit même faire entrer tous les délits dans la classe des crimes de lèse-majesté.

nées à conferver *l'ordre public*. Nous mettrons dans cette claffe tous les délits qui troublent l'ordre général & l'intérêt commun. Tels font les délits contre la *juftice publique*, contre la *sûreté*, la *tranquillité*, la *confervation*, le *commerce*, le *fifc*, les *bonnes mœurs*, la *police*, & l'ordre *politique*.

IV. Chaque individu, comme on l'a vu, contracte tacitement à fa naiffance des obligations envers la fociété, comme citoyen : il en contracte d'autres au moment où il reçoit une portion de la confiance publique. Tous les délits contraires à ces devoirs, tous les abus dont il peut fe rendre coupable, feront compris dans cette quatrième claffe des *délits contre la confiance publique*.

V. Il eft évident que les obligations contractées par une Nation envers une autre, font en même temps contractées par tous fes membres. Que ces obligations naiffent du *droit univerfel des nations*, ou des traités particuliers d'une Nation avec l'autre, chaque citoyen eft donc obligé de les exécuter, comme toute la société : il ne peut les violer sans exposer aux plus grands dangers la tranquillité publique. Toutes les violations de ces obligations nationales seront renfermées dans cette cinquième classe des *délits contre le droit des gens.*

VI. Il y a entre la cité & le citoyen une société appelée famille ; le père en est le chef, la femme & les enfans en sont les membres. La nature a dicté les premières lois de cette société ; elle a établi les droits & les obligations réciproques de tous ceux qui la composent. Les lois civiles ne doivent faire autre chose que combiner ces droits & ces obligations avec l'ordre de la société générale, & donner aux lois naturelles le sceau de leur sanction. Dans cette classe des délits contre l'ordre de la famille, nous comprendrons toutes les violations des devoirs de famille, qui doivent fixer la vigilance des lois, & les attentats des personnes étrangères contre ces droits précieux. Le parricide, l'infanticide, l'adultère, l'incefte, le rapt, & les autres délits de cette nature feront renfermés dans cette claffe.

VII. Nous pafferons enfuite aux délits qui intéreffent plus directement les individus en particulier, & nous mettrons dans cette feptième claffe les attentats contre la perfonne du citoyen.

VIII. Nous placerons dans la huitieme toutes les infultes faites à la dignité naturelle & civile de l'homme.

IX. Dans la neuvième, tous les attentats contre fon honneur.

X. Dans la dernière, tous les attentats contre fa propriété.

Cette divifion générale des délits va déterminer leur divifion particulière.

# CHAPITRE XX.

## PREMIERE CLASSE.

### *Des délits contre la Divinité.*

PLATON, analyſant les délits contre la Divinité, dit : Celui qui nie l'exiſtence de Dieu, eſt un impie ; celui qui dit qu'il y a un Dieu, mais qu'il ne ſe mêle pas de ce que les hommes font ſur la terre, eſt un impie ; celui qui croit que la Divinité s'appaiſe par des offrandes, eſt un impie (1).

Nous ne ferons qu'appliquer cette idée aux principes établis ci-deſſus, afin de déterminer quels font dans cette claſſe les crimes qui doivent exciter la vigilance des lois.

Nous avons dit que chaque individu a des devoirs à remplir envers la Divinité, comme homme, qu'il en a comme ci-

_______________

(1) Voyez le profond Traité des lois de ce grand Philoſophe, dialogue 10.

toyen. Nous avons ajouté que les lois doivent prescrire les uns, & abandonner les autres au jugement de Dieu. Toute transgression des devoirs du citoyen est la violation d'un pacte ; & si la valeur du délit augmente lorsque la violation du pacte a une plus grande influence sur l'ordre social, toutes les fois que le devoir envers la Divinité, prescrit au citoyen, a une plus grande influence sur l'ordre social, la transgression devient plus grave, & avec elle doit s'accroître la rigueur de la peine.

Revenons à l'idée de Platon. Celui qui, dans le fond de son cœur, nie l'existence de Dieu ; celui qui la reconnoît, mais qui ne croit pas qu'il se mêle des affaires de ce monde ; celui qui ne voit dans la Divinité qu'un être avide, qui vend ses grâces & sa justice, & qu'on n'appaise que par des offrandes ; celui enfin qui, aveuglé par quelqu'une de ces erreurs, ne cherche pas à la communiquer aux autres, sera impie comme homme ; mais il ne le sera pas comme citoyen. Si, malgré ces idées, il respecte

la religion de la patrie & le culte national, quel droit l'autorité publique,
inſtruite de ſes erreurs, auroit-elle de l'en
punir? quel pacte a-t-il violé? quel devoir
ſocial a-t-il enfreint? quelle loi a-t-il tranſ-
greſſée?

Si l'autorité le traîne au pied des
autels, ſi elle élève un bûcher devant
la porte du temple, & qu'en préſence
du peuple elle immole à la Divinité un
malheureux qui ne la connoît pas, ou
qui en nie l'exiſtence, quel bien naîtra
de ce ſupplice affreux? La loi dira-t-elle
qu'elle venge la Divinité? Mais la Divinité n'a pas beſoin de nous pour venger
ſes injures. Lui attribuer ce beſoin, cette
impuiſſance, ce ſeroit l'outrager. Si
parmi les ſpectateurs il ſe trouve un
ſeul homme qui penſe comme l'infortuné
que l'on tourmente, croit-on qu'il ſe
corrigera de ſon erreur? Les cris de
cette victime, loin de détruire ſon illu-
ſion, ne le ſouleveront-ils pas contre la
loi qui confond les opinions avec les
actions, les erreurs avec les délits?
L'impie lui-même ne mêlera-t-il pas aux

gémiſſemens de la mort les plus exécrables blaſphêmes ? n'annoncera-t-il pas publiquement ſes opinions, dans un inſtant où il n'a plus d'intérêt à les cacher ? Il étoit coupable comme homme ; il le deviendra comme citoyen.

Tous ces tourmens ne feront que multiplier les ennemis de la Divinité, ſans lui donner un ſeul adorateur. Atroce inquiſition ! ton image s'offre en ce moment à mon eſprit. La Religion chrétienne, au ſein de laquelle tu as pris naiſſance, auroit-elle eu des ennemis ſi nombreux, ſi puiſſans, ſi tes bûchers n'euſſent dévoré que tes Miniſtres ? cette Religion, qui, par ſa morale & ſes dogmes, perfectionne l'homme, forme le citoyen, effraye la tyrannie, ne verroit - elle pas réunis ſous ſes lois tous ceux que tu as armés contre - elle ? Si tu n'avois donné tant de martyrs à l'erreur, combien de ſectateurs la vérité auroit eus ?

Revenons à l'objet de ce chapitre. Les lois, avons-nous dit, doivent punir l'impiété, non dans l'homme, mais dans le citoyen. Les délits contre la Divinité ne doivent être foumis à la fanction des lois, que lorfqu'ils deviennent des délits civils. Tant que l'athée refpecte le culte national, & qu'il ne cherche point à faire des profélytes, il ne viole aucun pacte; il ne doit par conféquent perdre aucun droit. Ce n'eft que lorfqu'il s'érige publiquement en apôtre d'impiété, qu'il doit être regardé comme coupable, & foumis à la peine établie contre ce délit. Cette peine, ai-je dit, fera déterminée par l'influence qu'a fur l'ordre focial le pacte que l'on viole. Or en confidérant fous ce point de vue les violations de tous les pactes qui ont pour objet des devoirs civils envers la Divinité, il me paroît que les impiétés les plus graves fe réduifent aux trois efpèces énoncées par Platon.

La première détruit l'idée de Dieu; la feconde renverfe le principe fondamental fans lequel l'opinion de fon exiftence n'eft plus qu'une chimère: l'une & l'autre anéantiffent toute religion; mais la troifième fait du culte religieux un inftrument de crimes. La doctrine de l'expiation mal entendue a, dans tous les temps, perverti la morale particulière & publique; elle a fait plus de mal que l'athéisme. Ceux qui connoissent l'Histoire, ne contesteront pas ce fait. Dans la classe des délits contre la Divinité, nous placerons donc d'abord, mais dans un ordre inverse, les trois espèces d'impiété dont parle Platon; nous mettrons au premier rang la doctrine de l'expiation mal entendue; au second, le système d'Epicure; & au troisième, l'impiété de l'athée qui cherche à répandre ses principes, parce que cette erreur est peu contagieuse. La doctrine de l'expiation au contraire doit, de sa nature, devenir populaire ; elle fera même d'autant plus de progrès, qu'elle offre à l'avidité un aliment habituel que les deux autres ne peuvent ni lui donner, ni lui promettre. L'Histoire entière atteste cette vérité.

De ces premiers délits contre la Divinité, je passe à ceux qui sont moins importans. L'un est le mépris injurieux du culte public & de la croyance nationale. Il faut distinguer l'incrédule public du blafphémateur ; l'un viole des devoirs religieux, l'autre des devoirs religieux & des devoirs civils. L'un doit donc être foumis à la fanction des lois eccléfiaftiques feulement, l'autre à celle des lois eccléfiaftiques & des lois civiles tout à la fois (1).

Cicéron, dans fon fameux Traité des lois, nous montre que cette vérité ne lui étoit point échappée. Mêlant quelques fragmens des lois anciennes de la République romaine, à des inftitutions puifées dans la Philofophie grecque, il fait un recueil de lois religieufes conformes à ce principe. Quelques-unes de ces lois font privées de la fanction pénale ; d'autres font accompagnées de

_____

(1) Une loi des Athéniens condamnoit à une peine capitale celui qui fouilloit le temple d'Apollon. *Qui in æde Apollinis ventrem exoneraverit, fe impium in judicio deferto, eique capital efto.* Cette peine porte le caractère du tyran ( Pififtrate ) qui l'établit. Ce délit devoit être puni fans doute ; mais le Légiflateur devoit diftinguer, dans ce cas, un acte de mépris, d'un acte d'ignorance ou de befoin. *Potter, archæolog. Græc. lib. 1, cap. 26, tit. 1, leg. 7.*

peines

peines contre les transgresseurs. La première de ces lois, qui établit le culte,
laisse à Dieu le soin d'en punir la violation (1); d'autres, relatives au même
objet, ne renferment aucune sanction.
Les lois qui défendent d'adorer en particulier des Divinités nouvelles ou étrangères que le public n'auroit point reçues (2), d'élever des autels au vice (3),
d'admettre les femmes aux sacrifices
nocturnes, & de les initier aux mystè-

---

(1) *Ad Divos adeunto caste. Pietatem adhibento.
Opes amovento. Qui secùs faxit, Deus ipse vindex
erit.* C'est sur ce principe qu'étoit fondée, je crois, la
maxime que Tibère prononça dans le Sénat : *Deorum
injuriæ Diis curæ.* Tacit. annal.

(2) *Separatim nemo habessit Deos , neve novos :
Sed ne advenas , nisi publicè adscitos , privatim
colunto.*

(3) *Divos, & eos, qui cælestes semper habiti, colunto, & ollos, quos in cælum merita vocaverunt,
Herculem, Liberum, Æsculapium, Castorem, Pol-
lucem, Quirinum, ast olla, propter quæ datur ho-
mini adscensus in cælum, Mentem, Virtutem, Pietatem , earumque laudum delubra sunto. Nec ulla
vitiorum sacra solemnia obeunto.*

*Tome IV.* R

res (1) ; les lois qui preſcrivent la ſtabilité du culte privé dans les familles (2), l'obſervation religieuſe des fêtes & la manière de les célébrer (3), & qui ordonnent que l'impie ne pourra appaiſer la Divinité par des offrandes (4) ; toutes ces lois ſont privées de la ſanction pénale. Il en eſt d'autres où la peine eſt indiquée ; le voleur ſacrilège eſt condamné comme

---

(1) *Nocturna mulierum ſacrificia ne ſunto, præter olla, quæ pro populo rité fient. Neve initianto, niſi ut aſſolet Cereri, græco ſacro.*

(2) *Sacra privata perpetua manento. ( & alibi )…. Conſtructa à patribus delubra habento. Lucos in agros habento, & larum ſedes : ritus familiæ, patrumque ſervanto.*

(3) *Feriis jurgia amovento : eaſque in famulis, operibus patratis habento. Itaque, ut ita cadat in annis amfractibus, deſcriptam eſto. Certaſque fruges, certaſque baccas ſacerdotes publicè libanto : Hoc certis ſacrificiis ac diebus. Itemque alios addes, ubertatem lactis, fœtuſque ſervanto. Idque ne committi poſſit, ad eam rem & rationem, curſus annuos ſacerdotes finiunto.*

(4) *Impius ne audeto placare donis iram Deorum.* C'eſt une conſéquence de ce que Platon a écrit ſur les trois premières eſpèces d'impiété.

pàrricide (1), le parjure eſt puni par
l'ignominie (2), l'inceſte ſacrilège par
le dernier ſupplice (3) , le mépris des
réponſes des augures par une peine
capitale (4).

Je ne prétends pas juſtifier la rigueur
exceſſive de quelques unes de ces peines ;
je me borne à expoſer la différence de
ces lois. Il n'y avoit point de peine ,
lorſqu'il n'y avoit point de délit civil ; il
y en avoit une , toutes les fois qu'un
délit religieux étoit joint à un délit civil.

---

(1) *Sacrum , ſacrove commentatum qui clepſerit ,
rapſeritque , parricida eſto.* Cette loi a tous les
caractères d'une loi de Décemvirs , car la peine eſt
exceſſive. Ce n'eſt pas ici le lieu d'en développer l'injuſtice.

(2) *Perjurii pæna divina , exitium : humana
dedecus.*

(3) *Inceſtum Pontifices ſupremo ſupplicio ſan-
ciunto.*

(4) *Interpretes autem Jovis optimi maximi publici
augures ſignis, & auſpiciis poſteà vidento, diſciplinam
tenento.... Quæque augur injuſta , nefaſta , vitioſa,
dira defixerit , irrita , infeſtaque ſunto , quique non
paruerit , capital eſto.*

Si les Légiflateurs euffent toujours fait cette diftinction, nos codes offriroient moins d'atrocités. On n'eût pas, dans la Saxe, dans la Flandre, dans la Franche-Comté, condamné à mort celui qui rompoit le jeûne dans le carême ; nous ne trouverions pas un des plus horribles monumens de la fuperftition dans les archives d'un petit pays de Bourgogne (1), où un malheureux fut condamné à mort pour avoir mangé le famedi, dans un befoin preffant, d'une cuiffe de cheval ; les ordonnances de François I<sup>er</sup>. & d'Henri II n'épouvanteroient pas la France encore aujourd'hui ; & quelques lois inférées dans les deux titres du code *de fummâ Trinitate, & de Hæreticis & Manichæis*, ne nous attefteroient pas les malheurs du fiècle qui les vit naître, & de l'Empire qui les reçut.

Si le mépris injurieux du culte public & de la croyance nationale doit être mis dans la quatrième claffe des délits, les

_______________

(1) On nomme ce pays Saint-Claude, & cette affreufe exécution eft du 28 juillet 1629.

actes de fanatifme doivent être placés dans la cinquième.

Celui qui enflamme l'imagination des perfonnes crédules, & leur montre des devoirs & des fautes là où il n'en exifte point; celui qui enfeigne des pratiques contraires à la Morale & nuifibles à l'Etat; celui qui, formant des confciences aveugles, leur fait confondre les avis avec les préceptes, le fanatifme avec la piété; celui-là, dis-je, trouble l'Etat & outrage la Religion : il la rend ridicule au fage, & funefte au peuple. Les lois ne devroient-elles pas redoubler de vigilance contre des délits de cette efpèce? ne devroient-elles pas diftinguer ceux qui naiffent d'un efprit perfécuteur, de ceux qui ne font qu'inf-pirer de fauffes idées fur le fyftême de la Religion? Le degré diftinguera la va-leur de ces délits, & la peine fe propor-tionnera à la qualité & au degré.

Le facrilège fera mis au cinquième rang de cette claffe de délits.

Le facrilège eft un abus, une profa-nation des chofes faintes, un délit commis

contre les perſonnes ou les choſes con-
ſacrées au culte public. Les lois de la
plupart des peuples de l'Europe pronon-
cent des peines horribles contre cette
eſpèce de délits. Le voleur d'un vaſe
ſacré eſt plus ſévèrement puni que l'aſſaſſin, que le parricide.

O ignorance! ô ſuperſtition! juſques
à quand ſouillerez-vous nos codes, &
outragerez-vous la Divinité, en la ren-
dant le prétexte de tant de cruautés?
juſques à quand vous efforcerez-vous de
nous faire croire que la Divinité eſt plus
offenſée par l'enlèvement d'un vaſe ſacré,
que par le meurtre d'un homme? Si pour
empêcher un malheureux de mourir de
faim, il falloit dépouiller tous les temples de l'univers, la ſainteté de notre
morale religieuſe ne nous obligeroit-elle
pas de le faire? Au tribunal de la raiſon,
qui eſt celui de la Divinité, l'homme
qui dérobe à un indigent ce qui étoit
néceſſaire pour la ſubſiſtance de ſa famille, n'eſt-il pas plus coupable que
celui qui enlève des vaſes ſacrés?
Lorſque la Divinité étoit le ſeul orne-

ment des temples ; lorfqu'on lui offroit des facrifices fur des autels ruftiques de bois ou d'argile ; lorfque les mains des Prêtres étoient plus pures & les vafes facrés moins brillans ; lorfque le trône du Pontife étoit de pierre, & que fes vêtemens étoient formés d'une laine groffière, la Divinité étoit-elle donc moins honorée qu'elle ne l'eft par l'or & l'argent qui décorent nos temples ? Un flambeau de moins fur un autel changera-t-il quelque chofe au culte de l'Etre fuprême ?

On fent, d'après ces réflexions, combien il eft important de modérer cette efpèce de peines ; mais comme il eft différentes efpèces de facrilèges, il faut diftinguer les degrés de ce délit. Le Légiflateur pourra fixer par ce moyen la progreffion des peines.

La profanation des chofes confacrées au culte public eft, ou le but, ou l'effet de l'action. Dans le premier cas, le délit eft plus grave que dans le fecond.

Si un homme entre dans un temple,

se précipite sur l'autel, renverse, brise, foule aux pieds les statues & les images qui sont l'objet du culte public, cet homme est bien plus coupable sans doute que celui qui dérobe un vase sacré pour le vendre. Dans le premier cas, la profanation est le but de l'action ; dans le second, elle en est l'effet. Le mépris pour le culte public est plus grand dans le premier cas que dans le second.

La peine devra donc être plus forte dans l'un que dans l'autre. Cette conséquence est évidente ; mais quelle différence doit-il y avoir, par exemple, entre la peine du voleur sacrilège, & celle du voleur ordinaire ?

La perte de la totalité ou d'une partie des avantages que procure la Religion, l'expulsion des temples, la privation du commerce des fidèles pour toujous ou pour un certain temps, *l'exécration* & d'autres peines semblables forment les objets de la sanction ecclésiastique. Ces peines, jointes à la peine civile du vol, formeront la différence qui doit exister

entre la peine du voleur facrilège, &
celle du voleur ordinaire.

Ce que j'ai dit du vol facrilège doit
s'appliquer encore à l'homicide, à l'incefte facrilège, en un mot, à tous les
délits que rend plus graves la qualité
facrée, ou de l'objet fur lequel ils tom-
bent, ou du lieu où on les commet. Voilà
de quelle manière la raifon prefcrit de
déterminer la fanction pénale, relativement à cette efpèce de délits.

Le parjure tiendra le feptième rang
dans la claffe des délits contre la Divinité.

Les lois actuelles de l'Europe détruifent d'un côté ce qu'elles cherchent à
foutenir de l'autre. Elles abufent des fermens, & puniffent enfuite le parjure avec
férocité; elles font naître elles-mêmes un
délit qu'elles cherchent enfuite à réprimer de la manière la plus rigoureufe; elles
font en même temps injuftes, cruelles,
& inutiles. Tant que Rome fut libre,
l'infamie prononcée par le Cenfeur (1)

_______________________________

(1) Nous avons dit ailleurs ce que fignifioit cette
expreffion. Il y avoit une grande différence entre l'infa-

fut la feule peine du parjure (1). Dans aucun pays , dans aucun temps, chez aucun peuple , le ferment n'eut plus de force , le parjure ne fut plus rare. La modération avec laquelle on en faifoit ufage , confervoit toute la force de ce reffort que nous avons tant affoibli par l'abus que nous en avons fait. Que l'on reftreigne donc l'ufage des fermens , & que l'on diminue la peine du parjure. La *fimple infamie* fera plus, dans ce cas, que ne peuvent faire toutes les peines qui exiftent aujourd'hui. Suivons fur cet objet les avis de Platon , & rappelons-nous que toute peine établie contre un délit eft injufte, tant qu'on n'a pas épuifé tous les moyens de le prévenir.

« Je loue Radamante, dit ce Sage, qui fe repofoit avec tant de confiance fur les fermens des Plaideurs, & par ce

_______

mie prononcée par le Cenfeur , & celle qui étoit prononcée par l'édit du Préteur. Celle-ci étoit très-inférieure à l'autre.

(1) Voyez Aulu-Gelle , *noct. attic. lib.* 3 , *cap.* 18 ; Valère-Maxime, *lib.* 2 , *cap.* 9 ; & Cicéron , *offic.* 3 , 31.

moyen terminoit les procès avec tant de célérité. Tout le monde alors croyoit aux Dieux; plufieurs même s'imaginoient en defcendre : mais aujourd'hui qu'un grand nombre de perfonnes nie leur exiftence, & que parmi ceux même qui l'admettent, les uns s'imaginent que ces Dieux ne fe mêlent pas des affaires des hommes, & les autres, qu'on peut avec des offrandes appaifer leur colère; n'eft-il pas certain que ce changement dans l'opinion doit en produire un dans les lois? Exigeons le ferment des Juges, des Electeurs des Magiftrats, des Juges de la mufiquè & du chant, des diftributeurs des prix dans les jeux gymniques & équeftres ; foumettons à ce lien facré ceux qui n'ont ou ne doivent avoir aucun intérêt à mentir ; mais gardons-nous de multiplier le nombre des parjures, en déférant le ferment à ceux que nous pouvons préfumer être intéreffés à en abufer (1) ».

Je ne m'étendrai pas davantage fur

_______________

(1) *Plat. de legib. dialog.* 12.

cet objet, afin de ne pas répéter ce que j'ai dit dans la première partie de ce Livre (1).

Le blafphême tiendra le dernier rang dans cette claffe de délits. Je comprends fous ce nom les imprécations contre la Divinité, ou les autres objets du culte public. Le Légiflateur ne pourroit, fans montrer de l'indifférence, laiffer impuni ce genre de délit; mais en le puniffant avec trop de rigueur, il donneroit des preuves d'ignorance, de férocité, de fuperftition. Un châtiment modéré, une fimple peine de correction, infligée fans l'appareil d'un jugement ordinaire, par le Magiftrat chargé, fuivant notre plan (2), de la confervation de la paix & du bon ordre dans fon diftrict; une telle peine feroit de toutes la plus jufte & la plus utile.

Juftinien, qui croyoit expier les crimes du trône par les excès de la fuperftition;

----

(1) Voyez dans le tome 3, chapitre 15, pag. 241, ce que j'ai dit fur l'ufage du ferment dans les jugemens criminels.

(2) Voyez *ibid.* le chapitre 19, art. 15, pag. 374.

Juſtinien, qui ſacrifioit des tréſors à l'infame Théodora, & des victimes humaines
à la Divinité; Juſtinien, dont l'Hiſtoire
& la Philoſophie prononceront toujours
le nom avec horreur; Juſtinien, dans ſon
imbécille férocité, établit la peine de
mort contre cette eſpèce de délit : il
menaça de toute ſon indignation le Magiſtrat qui négligeroit de faire exécuter
cette loi de ſang (1).

Une loi ſemblable fut promulguée en
France ſous le Gouvernement de Philippe
Auguſte. Ce Prince, qui commença ſon

---

(1) *Præcipimus ...... permanentes in prædictis
illicitis & impiis actibus ( blaſphemiarum ), poſt hanc
admonitionem noſtram comprehendere, & ultimis
ſubdere ſuppliciis, ut non ex contemptu talium in-
veniatur, & civitas, & reſpublica per hos impios
actus lædi. Si enim & poſt hanc noſtram ſuaſionem
quidam tales invenientes hos ſubtercelaverint, ſimi-
liter à Domino Deo noſtro condemnabuntur. Ipſe
etenim glorioſiſſimus præfectus, ſi invenerit quoſdam
tale aliquid delinquentes, & vindictam in eos non
intulerit, ſecundum noſtras leges : primùm quidem
obligatus erit Dei judicio. Poſt hæc autem & noſtram
indignationem ſuſtinebit. ( cap. igitur §. præcipimus
novell. 77. )*

règne par la proscription des Juifs & des Comédiens , voulut manifester encore son zèle religieux, en condamnant à une amende de quelques sous les Nobles qui auroient proféré une des imprécations communes alors dans la bouche des François (1) , & à être noyés, les Roturiers coupables du même délit. Cette loi, qui atteste tout à la fois & l'indépendance des Grands , & l'oppression du peuple, & la superstition générale ; cette loi demeura heureusement sans exécution. Il n'en fut pas de même de celle de St. Louis, qui ordonnoit de percer la langue ou la lèvre supérieure à celui qui étoit convaincu de blasphême. Il fallut toute l'autorité du Pape Innocent IV pour engager ce Prince à modérer une peine si atroce, & plusieurs siècles de lumière , pour expier ces fatales erreurs.

Je ne parle pas des peines établies contre la magie & le sortilège : le droit commun offre sur cet objet des lois de

_______________

(1) *Têtebleu , ventrebleu , corbleu , sangbleu.* Cette loi est de l'an 1181.

fang & de feu. Les Légiflateurs de la plus grande partie des Nations de l'Europe n'ont rien à envier fur ce point à la férocité des lois de l'Empire romain, dans fa décadence. Je ne veux pas effrayer le lecteur par de pareils détails ; je les indiquerai feulement dans le chapitre qui renferme l'analyfe des délits que le Légiflateur ne doit point punir. Portons maintenant nos regards fur la feconde claffe des délits, c'eft-à-dire, les délits contre la fouveraineté (1).

(1) Dans cette claffe des délits contre la Divinité , je n'ai point parlé de ceux qui confiftent particulièrement dans l'abus du miniftère eccléfiaftique , c'eft-à-dire, de ceux que commettent les Miniftres de la Religion, fous les aufpices de la confiance publique que leur donnent les fonctions qu'ils exercent; tels, par exemple, que les délits de *follicitation* & de *révélation* en matière de *confeffion* , & autres de cette nature. Comme je traiterai dans le cinquième livre de cet Ouvrage de tout ce qui a rapport au corps du facerdoce, je ne crois pas devoir parler ici de ces objets.

*Fin du Tome quatrième.*

www.ingramcontent.com/pod-product-compliance
Lightning Source LLC
LaVergne TN
LVHW012005170726
843503LV00001B/240